KB188180

현대사 사건
수행 일기

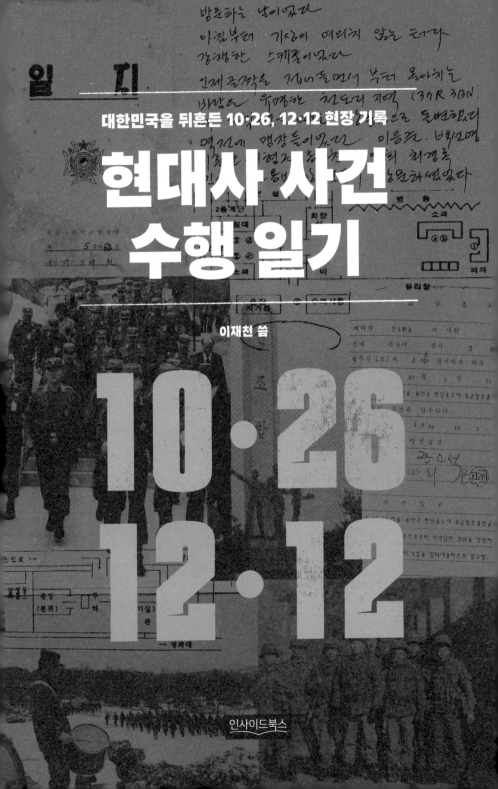

일지

대한민국을 뒤흔든 10·26, 12·12 현장 기록

현대사 사건
수행 일기

이재천 씀

10·26
12·12

인사이드북스

육사 생도 시절부터 12·12 사태까지
군인 이재천에게 무슨 일이 있었나?

1 1968년 육군사관학교 입교날부터 일지를 쓰기 시작했다. 생도대의 의무였던 일지 작성은 평생 습관이 되었다.

2 육군사관학교 교정의 시계탑 뒤로 4년간 생활한 생도대 내무반이 보인다.

3 제21연대 1대대 작전장교로 근무하던 중 6·25 전쟁 25주년을 보내며 느낀 감정을 일기에 적었다. (1975. 6. 29.)

4 육군 참모총장이 조립식 콘크리트로 구축한 진지를 방문하여 악수하고 있다. (1976. 3. 28.)

5 육군 방어 진지 화력 시범을 준비하기 위해 영평
 훈련장에서 야외 숙영하고 있다. (1976. 8. 7.)
6 동해경비사령부 초도 순시를 위해 눈 덮인 속초
 비행장에서 헬기에 탑승하는 정승화 제1군사령
 관의 뒤를 따르고 있다. (1978. 1. 14.)
7 기상 악화로 헬기 운항이 불안했던 상황을 수행
 중 가장 혼이 났던 날로 기록했다. (1978. 4. 19.)

8 정승화 제1군사령관이 대장으로 승진한 후 고향 김천을 방문했을 때 운전상사(오른쪽)와 함께 기념사진을 찍었다. (1978. 9. 14.)

9 인생의 동반자를 찾기 위해 '빨간 넥타이를 맨 사나이'는 고향으로 향한다. (1978. 11. 20.)

10 정승화 육군 참모총장의 제3군사령부 예하 부대 순시를 수행하던 중 헬기 앞에서 촬영하였다. (1979. 3. 2.)

11 전속부관은 참모총장과 항상 동일한 복장을 착용하고 수행 가방을 휴대해야 한다. (1979. 4. 11.)

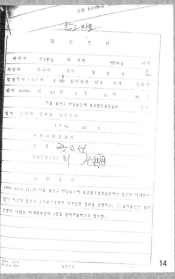

12 카터 미 대통령 환송 후 열린 군 수뇌부의 수행비서관 모임에서 기념 촬영을 하였
    다. 맨 왼쪽이 이재천 전속부관이다. (1979. 7. 1.)

13 정승화 계엄사령관이 계엄 지휘관을 대동하여 현충원 박정희 전 대통령 묘소를 합
    동 참배한 후 내려오고 있다. 앞줄 맨 왼쪽이 이재천 전속부관이다. (1979. 11. 24.)

14 내란죄 등으로 피의자가 된 전두환의 혐의를 입증하기 위해 1994년 10월 1일 참고
    인 자격으로 육군 참모총장 공관에서 당시 피격 당한 경위를 설명하고 그 증거로
    총탄 구멍이 나 있는 회색 양복 상의를 제출했다는 내용의 압수 조서다.

45년 전 일기를 꺼내며

1968년 육군사관학교에 입교하면서 일기를 쓰기 시작하였다. 정승화 장군의 전속부관으로 보직된 뒤에는 근접 수행하면서 그 기록을 남겼다. 이렇게 쓴 12년 동안 쓴 일기장을 45년 만에 꺼냈다. 일기장은 비록 빛바랬지만, 그날의 일은 여전히 내 머릿속에 생생하게 남아 있다. 나는 기억을 정리하고 돌이키면서 대한민국을 뒤흔든 세 번의 현대사 사건을 목도했다는 사실을 깨달았다. 이 일기가 단순히 개인의 사적인 기록이 아닌, 한 시대의 역사적 사건 현장을 기록한 사료인 이유다.

첫 번째 현대사 사건은 1968년 1월 21일 김신조 일당의 청와대 습격 미수 사건이다. 1·21 사태로 인해 나의 육사 4년간의 생활은 김신조를 초월하기 위한 훈련으로 강화되었다. 그때마다 '험난한 정의의 길을 택한다'라는 사관생도 신조를 가슴 깊이 체득하며 군 생활의 지표로 삼았다. 1972년 소위 임관 후 전방에서 초급장교 생활을 하던 5년 동안은 북한 공산당의 도발이 극에 달하고 국내외 정세 또한 불안한 시기였다. 1972년 10월 유신, 1974년 육영수 여사 피격, 1975년 월남 패망, 1976년 판문점 도끼 만행 사건 등이 발생하였다. 하지만 김일성의 남침을 저지하기 위한 우리 군의 전투 준비 태세는 구식 M1 소총으로 무장한 채 멸공 구호를 외치는 수준이었다.

1977년 8월 모교인 육군사관학교로 돌아와 학교장 정승화 장군의 전속부관 임무를 수행하였다. 이때부터 정승화 장군과의 인연이 시작되었고 가장 가까운 곳에서 진면목을 경험하였다. 정승화 장군은 김일성과의 체제 경쟁을 벌이고 있는 박정희 대통령의 의도를 가장 잘 이해하고 교감한 군인이었다. 또 민주형 리더십으로 사관생도를 훈육하였고, 매사에 냉철한 이성과 침착한 언행으로 옳은 일을 바르게 처리하는 군인 중에서도 참 군인이었다. 정승화 장군이 1979년 2월 1일 육군 참모총장으로 영전함에 따라 나 역시 동행 수행하게 되었고, 대한민국을 뒤흔든 현대사의 사건 현장 속으로 들어서게 된다. 바로 두 번째와 세 번째 사건인 1979년 10월 26일 벌어진 박정희 대통령 시해 사건과 신군부가 1979년 12월 12일에 일으킨 12·12 사태다.

나는 일기장에 유신 권력이 정지된 국가적 위기 상황에서 정승화 총장이 총 한 발 쏘지 않고 법 절차에 따라 신속하게 처리한 과정을 상세히 기록하였다. 사건 이후 신군부는 정승화 총장의 탁월한 위기 조치를 왜곡하였는데, 이에 대해 대부분 법적 판결로 규명되어 불명예가 회복되었다. 하지만 아직도 진실 공방이 벌어지고 있으니 10·26 사건과 12·12 사태가 벌어졌을 당시 총장을 수행했던 전속부관으로서 사실에 근거해 다음 세 가지를 밝히고자 한다.

　하나. 김재규 중앙정보부장은 내란 목적으로 박 대통령을 시해하기 위해 정승화 총장을 초대하지 않았다.

　1979년 11월 7일 전두환 소장이 발표한 10·26 사건의 전모 수사에서 김재규 중앙정보부장이 차지철 경호실장으로부터 박 대통령과의 저녁 식사 모임을 1979년 10월 26일 16시에 연락받은 후 정승화 총장을 16시 5분 초대했다고 발표하였다. 하지만 나의 수행 일기에 의하면 김재규 부장이 정승화 총장에게 전화한 시간은 16시 5분이 아닌 16시 15분이다. 이는 1979년 10월 28일 전두환 소장이 발표한 10·26 사건 중간 수사에서 김재규 부장이 차지철 경호실장으로부터 식사 모임을 연락받은 시간이 16시 30분이라고 발표한 것과 다르다. 김재규 부장이 정승화 총장에게 저녁 식사를 초대한 시간인 16시 15분이 차지철 경호실장이 김재규 부장에게 저녁 식사 모임을 하자고 전화한 16시 30분보다 앞서기 때문에 김재규 부장이 내란 목적으로 정승화 총장을 초대했다는 주장은 자신의 범죄를 합리화하기 위해 왜곡한 것이다. 이러한 사실은 10·26 사건 발생 이후 10월 27일 합동수사본부 수사관들의 초동 수사를 지휘한 백동림 수사1국장의 저서 〈멍청한 군상들〉 24쪽에도 분명하게 나와 있다.

둘. 김재규 부장은 박 대통령 시해 후 어떠한 무력 행위도 하지 않았다.

나는 10·26 사건이 발생한 이후, 20시 10분경 정승화 총장이 육본 벙커 상황실에 있다는 사실을 알고 육본 벙커로 돌아와 20시 40분경부터 27일 새벽 4시 비상계엄령을 발령할 때까지 정승화 총장을 근접 수행하였다. 이때 내가 목격한 김재규 부장은 육본 벙커에서 체포될 때까지 총장을 포함한 국무위원을 위협하지 않았을 뿐 아니라 동행한 수행비서관 박흥주 대령과 경호원에게도 어떤 무력 사용을 지시하지 않았다. 총장이 위기 조치한 8시간 동안 육본 벙커 내외부에서 단 한 발의 총성도 나지 않았으므로 김재규 부장이 군령권을 쥔 참모총장을 사전에 불러내 내란 목적으로 대통령을 시해했다는 주장은 도저히 이해되지 않는다.

셋. 12월 12일 신군부는 정승화 계엄사령관을 연행하기 위해 무차별적으로 선제 사격하였다.

1979년 12월 12일 저녁, 정승화 총장이 공관 응접실에서 전속 부관인 나를 호출해 국방부 장관에게 전화 연결을 지시하였고, 부관 방으로 돌아와 국방부 장관 공관으로 전화기를 돌리는 순간 내 등 뒤에서 무차별적인 선제 사격이 이루어졌다. 그러나 신군부는 정승화 총장이 부관에게 고함을 지르자 공관 경비병과 수사관 사이에 총격전이 벌어졌다고 거짓 발표하였다. 나는 부관 방에서 최초로 피격된 상태였으며, 연행하러 온 공관 내의 수사관과 공관 밖 지원 수사관의 쌍방 사격이 유혈 사태의 원인이었다. 공관에서 유일하게 실탄이 장전되지 않은 권총을 차고 있었던 나와 김인선 경호장교는 선제 사격할 수 없었음을 그날의 일기가 말하고 있다.

하지만 나는 12·12 사태 이후 국군수도통합병원 입원 및 보안사 서빙고 대공분실 수감 중 단 한 번도 이러한 사실에 대해 조사받은 적이 없다. 그날 군인도 아닌 군인들의 부도덕하고 무차별적인 사격으로 피격된 나는 총알이 박힌 소장의 ⅙을 절단하는 대수술을 받았다. 이로 인해 소장 기능이 저하되어 지난 45년 동안 음식 취식 후 1~2시간 내 배설하는 흡수 불량증을 겪으며 일상생활을 하고 있다.

이 일기는 1980년 3월 진해 육군대학으로 이사 가는 것으로 끝난다. 이후 나는 참 군인 정승화 장군을 오욕으로 물들게 했다는 패배감과 자괴감을 안고 살았다. 1980년 10월 정승화 장군을 찾아뵙고 전역하겠다고 했더니 군 내의 비전투 분야에서 기여할 수 있으므로 군 복무를 계속하라고 권하였다. 나는 군수 직능을 선택하여 시스템 분석 및 설계자로 군 생활을 이어갔다. 국방 통합 군수 정보 시스템을 설계 및 개발한 공로가 인정되어 1997년 7월 육군 준장으로 진급하였고, 2002년 6월 12일 정승화 장군이 별세했던 그해 6월 30일 전역한 후 2010년 귀향하였다.

흔히 젊은 세대는 박정희 대통령을 독재자라고 혹평하고, 정승화 장군은 '서울의 봄'이 오는 길목에서 역사적 소명을 다하지 못한 패배한 군인이라고 말한다. 〈현대사 사건 수행 일기〉가 이들에게 김일성 공산 체제보다 더 잘사는 나라를 만들고자 했던 박정희 대통령의 사명을 어떻게 육군이 뒷받침했는지, 10·26 당시 정승화 총장이 절체절명의 국가 위기 속에서 한 건의 무력 충돌 없이 어떻게 국가 권력을 이양시켰는지 알게 되는 계기가 되길 바란다.

유년 시절부터 옳은 일을 바르게 하는 삶으로 인도했던 전주이씨 진남군파 선대 조상님과 부모님의 영전에, 그리고 1979년 1월 결혼 후부터 닥친 고난을 슬기롭게 이겨내고 3남매를 잘 길러 준 아내 김영숙 여사와 3남매, 특히 아빠가 피격되고 1주일 후에 태어난 장녀 미종에게 이 일기장을 드린다.

2024년 10월
조상의 얼이 깃든 문무대왕면 능곡마을 우천서당에서
이재천 씀

차례

일러두기

1. 이 글은 일지에 기반한 저자의 기억과 주장이라는 점을 밝힌다.
2. 역사적 사건은 굵게 표시해 강조하였다. 단 289쪽의 굵은 문장은 저자가 강조하고
   싶은 사실이다.
3. 공적 인물 외에 실명으로 표기한 인물은 본인의 동의를 얻었다.
4. 사진은 저자가 보관 중인 것으로, 22·24·55·129쪽 사진은 육군사관학교 제28기
   졸업 앨범 사진이고, 7쪽 13번 사진은 〈조선일보〉 사진기자가 촬영한 것이다.

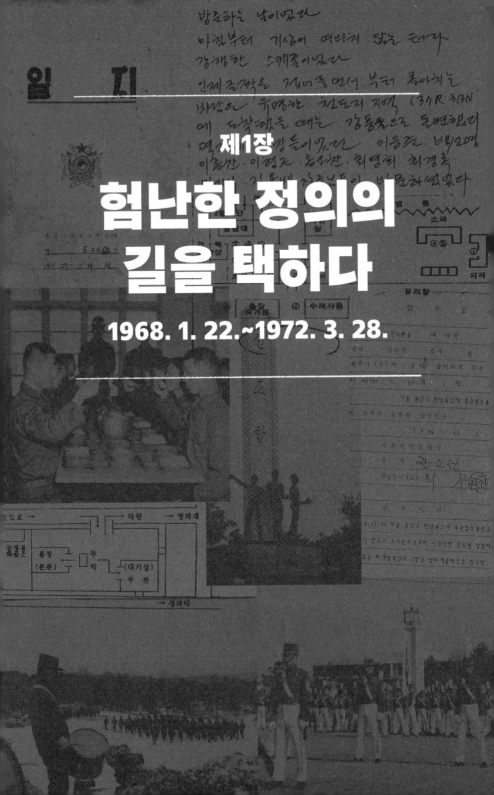

제1장
험난한 정의의
길을 택하다

1968. 1. 22.~1972. 3. 28.

1·21 사태 다음 날 육사 가입교

1968년 1월 22일(월)

내 인생의 홀로서기가 시작되다

어머니는 새벽부터 먼 길 떠나는 아들을 위해 주먹밥과 찰떡을 싸주셨다. 시골에서 버스를 타고 경주로 향한 후, 대구행 열차로 갈아타고, 다시 영천에서 중앙선 열차를 탄 지 18시간 만인 22일 새벽 청량리역에 도착하였다. 주변은 춥고 어두워서 낯설었지만, 오고 가는 사람들은 활기차게 느껴졌다. 나도 이들처럼 홀로서기를 해야한다. 역에서 국밥 한 그릇을 먹고 화랑대로 가는 미니버스를 탔다. 경찰과 헌병이 검문했을 때 당당하게 육사합격증을 제시하였다. 그럼에도 왠지 불안한 마음과 무거운 발걸음으로 화랑대, 즉 육군사관학교에 가입교하였다.

　　기초 군사훈련 1주차 일요일에 분대장 생도로부터 우리가 입교하던 전날인 **1968년 1월 21일 무장공비 김신조 일당이 청와대를 습격하는 사건**이 발생하였다는 뉴스를 들었다. 이로부터 김신조를 초월

하기 위한 혹독한 훈련이 시작되었고, 격동의 현대사 속에서 군인
의 길을 걷게 되었다.

1968년 1월 23일(화)
사관생도 신조와 도덕률을 복창하다

————

가입교식을 마치고 기초 군사훈련이 시작되었다. 가입교 상태로 훈
련을 완주해야만 사관생도로 정식 입교할 수 있다. 생면부지로 처
음 만난 254명은 생사고락生死苦樂을 함께하는 평생의 동기생인 육
사 28기가 될 것이다.

가입교식 후, 우리는 처음으로 사관생도 신조를 복창하였다.
1. 우리는 국가와 민족을 위하여 생명을 바친다.
2. 우리는 언제나 명예와 신의 속에 산다.
3. 우리는 안일한 불의의 길보다 험난한 정의의 길을 택한다.

이어 사관생도 도덕률을 복창하기 시작하였다.
1. 사관생도는 진실만을 말한다.
2. 사관생도의 언행은 언제나 공명정대하다.
3. 사관생도의 언행은 언제나 일치한다.

4. 사관생도는 부당한 이득을 취하지 않는다.

5. 사관생도는 자신의 언행에 대하여 책임을 진다.

사관생도 신조와 도덕률은 아침저녁으로 이루어지는 점호 시간마다 4년 내내 복창해야 한다. 사관생도 신조는 1956년 처음 제정되었다가 1961년 김용배 학교장이 3개 항으로 확정하였고, 육사 17기부터 적용되어 오늘에 이르렀다. 사관생도는 이 신조의 의미를 머릿속 깊이 이해하고 반복적인 행동으로 내면화하여 죽을 때까지 호국護國의 간성干城으로 초지일관의 자세로 살아야 한다.

1968년 1월 24일(수)
직각 식사와 직각 보행

————

모든 게 낯설었지만, 도무지 적응 안 되는 것 중 하나가 직각 식사다. 우리는 무조건 직각 식사를 해야 하였다. 직각 식사 중에 가장 어려운 것은 국을 떠먹을 때다. 그것도 식사 시간을 정해 놓고 식사하라는 명령이 떨어지니 난감하였다.

나중에 알고 보니 직각 식사와 직각 보행은 '안일한 불의의 길보다 험난한 정의의 길'이라는 사관생도 신조를 내면화시키기 위해 마련된 생도 규정이었다.

　　우리 구대장을 맡고 있는 3학년 생도는 32명이 똘똘 뭉쳐 기초 군사훈련Beast Training을 극복해야 함을 강조하였다.

1968년 1월 25일(목)

저녁 식사 후 관등성명을 외우다

우리는 분대장 생도로부터 지시를 받아 생도 대장, 학교장, 국군통 수권자인 대통령에 이르기까지의 관등성명을 외우고 복창해야 했 고, 동료들의 이름을 외워야 했다. 직속상관의 관등성명을 외우게 하는 이유는 상명하복의 군대 기강을 확립하기 위함이고, 또한 군대의 생명, 지휘계통을 통한 보고 체계를 확립하기 위해서다. 또 동료 생도의 성명 외우기는 생면부지로 만난 전우들 간에 신속한 친밀감과 협동심을 강화하기 위함이란다.

1968년 1월 27일(토)
예복 차림의 특기식을 참관하다

————

매주 토요일 화랑 연병장에서 사관생도의 가장 중요한 의식儀式 행사인 예복 차림의 특기식(퍼레이드)이 열린다. 이 특기식은 자치 지휘 근무 규정에 의거해 지난 한 주간의 생활을 되돌아보고 다음 주의 생활을 다짐하는 의식 행사다. 정말 보무당당하고 일사불란해 보였다.

　화랑 연병장은 1958년 5월 31일, 당시 학교장이었던 이한림 중장이 육사 14기 생도들의 졸업식에 맞춰 준공하였다. 삼국 통일을 이룩한 신라 화랑들의 정신을 이어받아 사관생도들이 호국의 간성이 되기를 기원하는 뜻이 담겨 있다.

1968년 1월 28일(일)
92고지 신조탑에서의 다짐

오늘은 일요일이다. 점심을 먹고 내무반으로 오던 3보 이상 구보 길이 생도대를 지나 어느 산 능선으로 이어졌다. 헉헉대면서 사관생도 신조탑이 있는 92고지에 도착하였다.

구대장 생도가 일장 훈시를 한다. "우리 육사인의 군인관 중에 가장 중요한 가치는 안일한 불의의 길보다 험난한 정의의 길을 택하는 것이며, 우리 선배들이 신조탑에서 사관생도 신조를 암송 복창하면서 분단된 조국의 통일 최전선에서 옳은 일을 바르게 할 것을 다짐하였던 것처럼 귀관들도 이 육사 정신을 내면화해야 한다!"

1968년 2월 4일(일)
선착순 집합의 의미

———

가입교한 지 3주째 일요일. 내 행동에 대해 되돌아보는 시간이다. 생각하는 것보다 행동이 빠른 게 내 장점이자 약점임이 틀림없다.

6시 기상과 동시에 침구를 정돈하고 내무반 앞 연병장에 선착순으로 집합하는 대열에서 나는 첫 주 내내 1~3위를 하였다. 덕분에 더 이상의 기합을 받지 않고 편하게 서 있었다. 그런데 2주 차부터는 1~3위로 도착한 우리에게 분대장 생도는 협조심이 없다며 오히려 선착순 구보를 다시 하는 기합을 주었다. 그래서 3주 차에는 기상 및 침구 정돈이 더딘 동료 생도들을 도와주고 함께 집합했더니 더 이상의 선착순 기합이 없었다.

이렇듯 나는 한 개인이 아니라 조직의 일원으로 단련되어 갔다.

'복종'으로 시작된 생도 생활

1968년 3월 2일(토)
육사 제28기 사관생도가 되다

외부와 철저히 단절된 38일간의 기초 군사훈련을 마치고 화랑 연병장의 입교식에 참석하였다. 그것도 단 한 명의 낙오자도 없이 254명 전원이 정식으로 입교하였다.

이후 우리를 기다리고 있던 것은 멋진 기숙사 생활이 아니었다. 군대의 최하 전투조직인 여덟 명으로 구성된 5중대 3구대 1분대원의 일원으로서, 3학년 생도 한 명과 1학년 생도 두 명이 함께 내무실에서 생활한다. 사관생도의 내무 생활은 근본적으로 상급생에 의한 자치 지휘 근무제도이므로 상급생과 하급생의 혼합편성이다.

또한 보행 중에 내 뒤에서 나의 직각 보행 자세를 교정해 주는 2학년 생도가 있고, 식당에 가면 직각 식사를 확인하는 분대원(학년별 2명씩)이 한 테이블에 앉아서 식사한다. 1학년 생도의 내무 생활 목표는 생도 규정에 의거 상급 생도가 지도하는 대로 무조건 복종하는 것이라고 강조하였다.

1968년 3월 4일(월)
생도대에서 교수부로 첫 학과 출장

———

7시 20분, 여느 대학처럼 4년제 학사학위에 필요한 교육과정을 이수하기 위해 생도대에서 교수부로 학과 출장하였다. 이 대열도 일반 대학생의 자유로운 등교와 사뭇 달랐다. 생도대 광장에서 8개 중대 단위별로 집합한 후, 북소리에 맞추어 교수부로 행진하였다.

16시에는 하기식下旗式이 진행되었다. 하기식은 호국의 간성으로서 반드시 견지해야 할 애국심과 국가관을 고취하기 위해 매주 월요일에 완전무장 전투복 차림으로 전 생도들이 참가한 가운데 학교장 주관 하에 열리는 정례 행사다. 1·21 사태로 인해 하필 우리 기수부터 구보 강도가 강화되었다고 하였다.

1968년 3월 9일(토)
특기식, 자긍심을 심어주다

11시, 수업을 마치고 처음으로 특기식에 참가하였다. 지난 입교 전에 입었던 예복을 정신없이 착용하고 집합하니 뒤에 서 있던 2학년 생도가 예복 착복과 집총 자세를 교정해 준다.

특기식은 생도 자치 지휘 근무제도에 의거하여 4학년 연대장 생도가 주도해 시행되었다. 화랑 연병장에서 매주 두 번씩 열리는 하기식과 특기식이 내 신경을 가장 곤두서게 했지만, 이 정례 행사로 인해 나의 애국심과 자긍심이 길러지기 시작하였다.

1968년 3월 27일(수)
67고지에 비상이 생기다

일과 시간은 오전에 교수부에서 학부 과정 수업을 받고, 오후에는 체육활동으로 꾸려졌다. 일과 후에는 생도대 내무실에서 짜여진 생활을 해야 한다. 그런데 일과 후에 이○○ 훈육관이 불러서 갔더니 일일 영어 듣기 시험에서 3회 연속 0점이 나왔다고 하였다. 그러면서 이런 식이면 67점 이하 과락科落으로 퇴교 조치된다고 경고하였다. 또 고의적으로 0점을 받은 것은 아닌지, 정말 듣기가 전혀 안 되는지 추궁하였다. 정말 67고지에 비상이 걸린 것일까? 결국 영어 듣기 요령을 2학년 생도로부터 별도로 교육받기로 하였다.

교수부 학부 수업은 매일 수업이 끝나자마자 평가하는 체제다. 인문학은 50분 수업에 10분간 시험을, 이공학은 60분 수업에 15분간 시험을 치른다. 나는 수업 시간에 졸지 않기 위해 필기하다 보니 장말章末 시험과 기말期末 시험에는 좋은 성적이 나와서 추가 시험을 치루지 않고 제때 여름 휴가를 갈 수 있었다. 심지어 내 노트가 복습해야 하는 동기생들에게 참고물이 되기도 하였다.

1968년 4월 13일(토)
김신조 무장공비 침투의 파장

생도대장이 전 학년 생도를 대상으로 훈화하였다. 우선 김신조를 필두로 한 북한 124군 특수부대의 강인한 훈련 상황을 소개하였다. 그리고 청와대 문턱까지 침투한 적에 대한 대비책으로 박정희 대통령은 **지난 4월 1일 우리 안보를 자주국방 개념으로 전환한다**고 밝혔다. 또 250만 명을 무장시키는 **향토예비군을 창설**하였다. 생도대장은 사관생도들에게 북한의 특수부대를 초월하는 강도 높은 체력단련과 훈련을 강조하였다.

이로써 우리 생도들의 군사훈련 체계가 급속하게 변경되었는데, 3학년 생도부터 하기 군사훈련 기간 중에 유격훈련을 실시한 것이 대표적이다.

1968년 4월 23일(화)

직각 보행의 의미를 깨우치다

중대별 춘계체육대회 등으로 생도 규율이 다소 느슨해진 와중에 나의 직각 식사가 불량하다는 2학년 생도의 지적을 받았다. 나는 저녁 식사 후 ㄷ자 광장에서 나 홀로 직각 보행하는 벌을 받아야 하였다. M1 소총을 메고 '어깨 총' 자세로 보행하다 보니 아무리 생각해도 왜 직각 보행해야 하는지 이해되지 않았다. 화가 난 나는 2학년 생도에게 항의하였다.

그러자 2학년 생도는 사관생도 신조를 복창하게 하였다. 그러면서 '안일한 불의의 길보다 험난한 정의의 길을 택한다'는 신념을 평생 뼛속 깊이 숙지하도록 의도적으로 직각 보행을 강요한 것이라고 설명하였다. 바로 가면 빨리 편하게 갈 수 있지만 이 길은 법을 어기는 불의의 길이고, 직각으로 돌아가게 되면 더디고 힘들지만 이 길은 법을 지키는 험난한 정의의 길이라고 강조하였다.

　　생도 규정은 육사 출신 장교들이 임지에서 남들이 하는 안일한 불의(부정)의 길보다 남이 하기를 꺼리는 험난한 정의(청렴)의 길을 택해야 함을 가르치기 위해 의도된 것으로, 육사인陸士人의 정신과 다름없다. 그러나 실상은 젊은이의 자유분방한 이상이 각박한 현실과 부딪치는 순간들이었다.

1968년 5월 25일(토)
이상과 현실 사이
————

어제는 계절의 여왕 5월에 열리는 생도의 날 행사가 학부모와 연인들을 초대한 가운데 화랑 연병장에서 펼쳐졌다. 상급 생도들은 모두 외출 외박을 나가고 내무반에는 1학년만 남았다. 1학년은 1학기 동안 외출 및 외박을 할 수 없기 때문이다.

　　조용한 토요일 오후! 혹한의 1월부터 신록이 무르익어 가는 5월까지 정신없이 달려온 날을 회상해 본다. 1·21 사태로 인해 지난

4월 1일에는 향토예비군이 창설되는 등 이곳 화랑대에서도 총력 안보 태세를 갖추고 있다. 하기식 이후의 강도 높은 10킬로그램 완전무장 구보 훈련과 사관생도 신조 암송, 직각 보행과 직각 식사와 같은 인내심 테스트로 체력과 정신을 무장시켜 우리도 북괴군을 뛰어넘기 위한 생활이 계속되고 있었다.

이는 내가 꿈꾸었던 것과는 너무나 다른 현실이다. 밥 먹는 것과 걸음걸이를 지적하는 현실이 치사스럽기까지 하다. 이상과 현실, 그리고 일점一點. 이 순간 이 일점을 향해 기다리면 될 것인지를 심각하게 고민해 본다.

1968년 6월 2일(일)

집중 훈육 대상이 되다

———

일요일 새벽! 느닷없이 나를 깨운 훈육관이 낚싯대를 챙기더니 골프장 연못으로 향하였다. 나는 낚시를 좋아하는 터라 영문도 모른 채 붕어 낚시에 몰두하였다. 그런데 훈육관님이 불쑥 "생도 생활이 힘들지?!" 하면서 말을 건넸다. 어렵고 힘들 때는 언제든지 이곳에서 이 낚싯대로 낚시하라고 하였다. 참고 견디면 2학기부터는 생도 생활이 자유로워질 것이라고 격려하였다.

1968년 6월 9일(일)

화랑천에서 낚시한 강태공 생도

———

새벽 3시 50분! 불침번이 나를 깨웠다. 나는 아카시아 향기가 코를 찌르는 막사 뒤쪽에서 동초 근무를 섰다. 1시간 동안 꽃향기에 취해 몽롱해진 나는 근무 교대하자마자 훈육관님이 주신 낚싯대를 들고 안개가 나부끼는 화랑천 범무상 주변에 미끼도 없이 낚싯대를 드리웠다. 이윽고 잉어가 올라오고, 이를 다시 화랑천에 던지기를 반복하였다.

30분 정도 안개 속에 환상적인 태릉골 새벽을 낚고 있는데, 6시 기상한 근무대 일직사관이 나의 꿈을 깨웠다. 이 일로 나는 4년 내내 화랑천에서 낚시한 돈키호테식 강태공 생도로 유명해졌다.

나중에야 훈육관이 생도 생활에 염증을 느끼던 나를 달래기 위해 낚시터로 인도한 것임을 알게 되었다. 이를 계기로 나는 정서적으로 안정되었으며, 이것이 바로 부하를 사랑하는 방법이라는 것을 깨달았다.

1968년 8월 11일(일)

좋은 소식과 안 좋은 소식

———

즐거운 3주간의 하기 휴가를 마치고 복귀하자마자, 내게 닥친 생활
은 내일부터 하기 군사훈련이 시작된다는 것이었다. 그나마 좋은 소
식은 하기 군사훈련이 학년별로 이루어지므로 내무반도 1학년 생
도끼리 편성된다는 것이다. 한결 부드러운 내무 생활로 모처럼 동기
생끼리 우정의 시간을 보낼 수 있다고 2학년 생도가 귀띔해 주었다.

1968년 8월 12일(월)

카드 섹션 연습

1학년만으로 편성된 내무반의 자유시간은 역시나 젊은이들의 청춘
이야기로 떠들썩하다. 그 사이로 응원 연습 집합 구령이 들린다. 다
음 달에 열리는 삼군 사관학교 체육대회에서 펼치는 카드 섹션 응
원을 연습할 시간이다. 삼군 사관학교 체육대회는 육·해·공 3군의
친목을 도모하고 국군의 날을 기념하기 위한 정기 체육대회로, 처
음 참가하는 대회인 만큼 기대와 열망이 컸다.

    오늘부터 우리 1학년은 하기 군사훈련 기간 내내 저녁 식사 이
후 자유시간에 삼군 사관학교 체육대회에 대비한 카드 섹션 연습
을 반복하였다.

1968년 9월 28일(토)

연습이 대가를 만든다

————

지난 26일부터 시작된 삼군 사관학교 체육대회에서 우리 육군사관
학교가 종합우승하였다. 럭비, 축구 시합도 잘했지만, 1학년으로 구
성된 대형 카드 섹션 응원이 압권이었다고 상급생들이 칭찬하였다.
처음 참여한 체육대회에서 우승을 차지하자 우리 모두 축제 분위
기였다.

　나는 일사불란한 카드 섹션 광경을 TV에서 저녁 뉴스를 통해
보면서 남다른 감정을 느꼈다. 무더운 여름날 자유시간을 이용해
땀 흘리면서 동기생이 서로 협동하여 절차탁마한 끝에 만들어 낸
결과였다. '연습이 대가를 만든다'는 속담을 되새기며 잠을 청하였다.

1968년 10월 2일(수)

무엇을 배우고 얻을 것인가

————

영내 휴무일 오후! 난생처음 맞았던 국군의 날 행사를 되돌아보았
다. 하기 군사훈련 중에도 화랑 연병장에서 국군의 날 행사 예행 연
습이 이어졌고, 어느 날은 화랑대에서 버스를 타고 여의도로 이동
해 훈련하기도 하였다. 하루 종일 여의도 비행장의 모래바람을 마

시면서 퍼레이드 훈련하는 일이 생도 생활의 가장 중요한 연례행사
라니…….

　무엇보다도 수많은 유형별 군부대 병력과 막강한 전투무기를
총동원한 대 북괴군 무력시위이자 대국민 국방력 홍보 행사라고
하지만, 정작 우리는 앞과 옆을 맞추고 절도 있는 제식 동작을 연속
적으로 반복할 뿐이었다.

　드디어 오후에 여의도 비행장에서 이동해 서소문에서부터 동
대문운동장까지 시가행진 퍼레이드를 펼쳤다. 결과적으로 이 퍼레
이드는 내 인생의 크나큰 자긍심이라 할 만하다. 그 원천은 우리 국
군을 알아주는 시민들의 태극기 물결과 격려 박수 소리다.

1968년 12월 14일(토)

국민교육헌장이 시대정신을 일깨우다

────────

내 인생의 큰 이정표가 된 한 해가 저물어 가고 있다. 다음 주에는
동기 휴가가 기다리고 있다. 그러나 아직 들뜨기에는 이르다. 휴가
전에 **12월 5일 공표된 국민교육헌장** 암송과 시험 코스를 통과해야
한다.

　따스한 창가에 앉아 열심히 국민교육헌장을 암송하다가 문득
그 의미를 되새겨 보았다. 이 헌장을 공표하게 된 시대적 배경과 의

미를 적은 강의록을 보면서 '민족중흥의 역사적 사명'이라는 문구가 나의 가슴을 뭉클하게 하였다.

1969년 2월 1일(토)
생도대 식탁에 라면 등장
———————

그동안 국가 시책에 의해 보리가 섞인 잡곡밥을 먹어 왔으나, 국가적인 식량난을 해소하기 위해 매주 수요일과 토요일을 '쌀 없는 날'로 지정, 공표되었다. 이에 따라 생도대 식탁에도 라면이 등장하는 변화가 일어났다. 유소년 시절 겪었던 보릿고개를 해소하기 위해 어쩔 수 없이 먹었던 국수 식사를 이제는 국가 주도로 전국적으로 시행하게 된 것이다.

1969년 2월 21일(금)
상급생으로 진학하는 67고지를 넘다
———————

1학년 2학기 기말 시험을 마치고, 2학기 최종 성적이 발표되었다. 나는 과락의 갈림길인 67고지를 넘기고 2학년으로 진학할 수 있음에 무척 기뻤다. 1학년은 자연과학 21학점, 인문사회과학 18학점,

체육 및 군사학 13학점, 그리고 내무 생활 5학점 등 57학점을 이수해야 한다. 몇 학점을 이수했는지, 성적은 몇 등인지는 중요하지 않다. 어찌 되었든 67고지를 통과하였다.

'자율'적 잔소리꾼이 되다

1969년 3월 8일(토)
나는 어떤 선배가 될까

―――――

지난 3월 3일, 1학년(육사 29기)이 입학하고 나도 2학년으로 진학하였다. 어렵고 힘든 일이라도 음지에서 복종해야 하는 두더지에서 잔소리하는 2학년이 되었다. 두더지 시절 보아왔던 선배는 세 종류였다. 잔소리만 하는 선배, 솔선수범하면서 잔소리하는 선배, 아예 잔소리도 하지 않는 선배…… 어느 쪽이든 후배에게 자존심을 상하게 하는 언행은 하지 않는 선배가 되기로 다짐해 보았다.

1969년 5월 31일(토)
고조되는 안보 위기의 영향

―――――

지난 5월 28일에는 화랑 연병장에서 방한한 티우 월남 대통령을 환영하기 위한 분열 퍼레이드를 하는 등 생도의 날 행사로 일주일이 정신없이 지나갔다.

　김신조 일당의 청와대 기습 사건인 1·21 사태, 울진·삼척 무장 공비 침투 사건을 겪으면서 야전 초급장교의 실제 전투 경험에 대한 문제 제기가 있었다고 한다. 그래서 1966년 9월 맹호부대(수도사단) 두코 작전의 영웅 제1연대 제9중대장 이○○ 선배가 강당에서 전 학년 생도를 대상으로 생생한 월남전 전투 경험을 소개하였다.

　학구적이고 지성적인 생도대 분위기가 월남전 참전 선배 훈육관에게는 나약하고 비현실적인 분위기로 여겨진 모양이다. 이후 임관을 앞둔 4학년 생도를 야전 전투형 군인으로 바꾸기 위한 진통이 계속 이어졌다.

1969년 7월 23일(수)
남도 벽촌에도 파월 장병의 흔적이 역력하다

―――――

올해 하기 휴가는 한결 여유가 있어 동기인 용만 생도와 인수 생도를 고향으로 초대하였다. 그들은 무더운 여름철임에도 생도 하복을 갖춰 입고 왔다. 보다 못한 어머니가 잠시 산책하기 위해 나서는 우리에게 삼베 옷을 내주셨다. 길 좌우로 플라타너스 가로수길이 펼쳐진 비포장 신작로를 따라 걷는데 시원하기 이를 데 없다. 하지만

휴가 중이라도 사립문을 나서면 무조건 생도 복장을 착용해야 하니 분명 생도 규정 위반이다.

우리는 양북면 소재지의 유일한 맘보사진관에서 기념 사진까지 찍었다. 사진 배경은 1965년부터 월남 파병 장병이 귀국하면서 소문낸 열대지방의 야자수 그늘 아래의 오토바이다. 사진사는 이 배경에서 처녀와 총각의 사진찍기가 한창 유행이라고 거들었다. 파월 장병들의 참전 스토리가 이곳 시골에서도 대인기인 모양이다.

1969년 9월 22일(월)
솔선수범하면서 잔소리하는 선배

———

하기 군사훈련이 9월 20일에 종료되고, 본격적으로 삼군 사관학교 체육대회 및 국군의 날 행사 준비가 시작되었다. 그런데 이 범국가적인 연례행사에 임하는 태도가 1학년 때와는 사뭇 다르게 여유가 생긴 나 자신을 발견하였다.

그렇지만 여의도 비행장의 모래바람은 피로감을 증폭시키기에 충분하였다. 나는 잠시 쉬자는 안이한 마음으로 조마조마하면서 대기 중인 육사 버스로 갔다. 그런데 버스 안에서 늘어져 졸고 있는 생도가 상급생인 줄 알고 다시 나오려는데, 마크를 보니 1학년 생도였다. 순간적으로 몹시 화가 났다. 사관생도로서 응당 지켜야 할 자세를 전혀 하지 않고 있는 1학년 생도의 태도에 분개하면서 후배들에게 잔소리하지 않겠다고 다짐했던 1학년 때의 각오가 일순간에 무너져 버렸다. 이를 계기로 나는 솔선수범하면서 잔소리하는 선배로 완전히 탈바꿈하였다.

1969년 10월 19일(일)
지도하려면 부지런해야 함을 실감하다

———

오늘은 밀린 교수부 학과 공부를 복습하려고 외출하지 않고 책상 앞에 앉았다. 국군의 날 행사 이후 잔소리꾼 상급생 노릇을 하자니 나 자신의 수신제가가 우선이다. 67고지를 넘어야만 잔소리가 먹혀들텐데 67고지를 넘기 위한 복습 시간은 부족하기만 하다. 그래서 하급생을 지도하는 것은 솔선수범하지 않고는 할 수 없음을 터득하였다.

외향적 '모범생'으로 변모하다

1970년 3월 2일(월)

자율과 모범

───────

오늘은 명실공히 상급 생도인 3학년으로 진학하는 뜻깊은 날이다. 그런데 지금까지 1~4학년으로 혼합 편성하던 내무반을 4학년 생도만을 따로 분리해 신축건물에서 제9중대로 통합 편성하였다. 이 제도는 자율을 대전제로 4학년 생도에게 준準 장교 대우를 부여함으로써 개인의 개성에 따른 자기완성을 목표로 폭넓은 인격을 완성하기 위함이라고 한다. 그러나 축 늘어진 보행 자세가 후배 입장에서는 꼴불견이었다.

1970년 4월 11일(토)

닉슨 독트린으로 멸공 교육 강화

───────

교내 승공 웅변대회는 북괴의 대남 전략 전술에 대비한 멸공 정신
을 고취하기에 충분하였다. 닉슨 독트린의 영향인지 여느 때보다 비
장미悲壯美가 넘쳤다.

　　미국의 닉슨 대통령은 월남에서의 미군 철수를 가속시키며, 앞
으로 월남 전쟁과 같은 군사적 개입을 피하고 아시아 국가의 내란
이나 침략에 대하여 아시아 각국이 스스로 협력·대처해야 함을 골
자로 한 대아시아 정책, **닉슨 독트린을 지난 2월 전 세계에 선포**한 바
있다.

　　이로써 생도대에서는 훈육관에 의한 멸공교육이 강화되고, 교
수부에서는 자유민주주의와 공산주의를 비교하는 비교사회학 특
강이 실시되었다.

1970년 7월 24일(금)

조국 근대화의 상징인 경부고속도로로 귀대

―――――

3학년 1학기 기말시험이라는 67고지를 무사히 넘기고, 2주간의 즐
거운 하기 휴가를 다녀왔다. 귀향 때에는 기존처럼 열차를 탔으나,
**귀대는 지난 7월 7일 서울에서 부산까지 전 구간이 개통된 경부고속도
로**를 이용하였다. 3년 전 경주에서 13시간 걸려 상경할 때와는 판이
하게 빠른 6시간 만에 서울에 도착하였다. 그야말로 조국의 발전상

을 몸으로 체득한 상경길이었다.

내가 탄 한남 고속버스는 경주~서울간 1시간 20분 간격으로 배차되었고, 요금은 1660원이었다. 3학년생도 봉급이 한 달에 3500원 정도였으니 비싼 편이다.

귀대한 우리를 기다리고 있는 것은 다음 주부터 시작되는 9주간의 하기 군사훈련이다. 5주간의 병과학교 순회 교육을 이수해야 하고 4주간의 유격훈련을 해야 한다.

1970년 8월 9일(일)

식수 인원 파악의 중요성

———

우리는 공병학교에서 4박 5일 공병 전술을, 진해 해군사관학교에서 3박 4일 위탁 교육을, 대전 통신학교에서 4박 5일 통신 전술 교육을 무사히 마쳤다. 그런데 나는 일요일임에도 외출하지 못하고 대전 통신학교 내무반에서 벌을 서야 하였다. 해군사관학교에서의 저녁 식사 식수 인원 파악 사건 때문이다.

해사 위탁 교육 기간 중 진해 시내로의 외출이 허락되었다. 외출 신고 때는 해사에 복귀하여 저녁 식사할 인원을 150여 명으로 파악하였는데, 이 중 20여 명만이 복귀함으로써 먹지 못하고 남은 음식 처리가 문제였다. 귀영 점호 때 훈육관이 오늘 저녁에 식사하

겠다고 신청한 생도는 손을 들라고 하자, 나는 즉각 손을 들어서 양
심 보고를 하였다.

약속 불이행으로 인해 나는 외출 금지라는 벌을 서게 되었고,
군 내에서 식수 인원 파악의 중요성을 절감하였다.

1970년 8월 22일(토)
양심 보고 규정에 이의를 제기하다

————

우리는 8월 10일부터 상무대에서 숙박하면서 보병학교 보병 전술,
포병학교 포병 전술, 기갑학교 기갑 전술 교육을 받았다. 그리고 상
무대를 떠나 장성에서 보전포 협동 훈련, 남평에서 도하 훈련을 마
친 후 주야간 연속 완전군장으로 60킬로미터 행군하면서 상무대로
복귀하였다.

기진맥진하여 상무대에 도착하여 도착 점호를 하는 과정에서
훈육관이 오늘 행군 중에 빵을 사 먹은 생도는 손을 들라고 하여
나는 즉각 손을 들어서 또 양심 보고를 하였다. 그러자 훈육관은
양심 보고한 생도들은 내일 광주 시내로의 외출 및 외박을 금지한
다고 지시하였다.

나는 매번 양심 보고하는 생도에게만 벌을 가하고 양심 보고하
지 않는 많은 생도는 그냥 지나치는 부당함과 얌체 생도들의 양심

불량을 도저히 참을 수 없어서 자퇴서를 제출하였다. 비록 모범 생도는 아니지만, 여태껏 사관생도는 진실만을 말한다는 사관생도 도덕률을 복창하면서 생도의 도덕적 명예심을 준수하기 위해 자치규정의 핵심인 명예 제도를 준수해 왔다. 그런데 양심 보고한 생도에게만 계속 벌을 주는 현실에 더 이상 생도 생활을 계속할 가치가 없음을 단호하게 밝혔다.

나는 생도 규정은 반드시 지켜야 하지만 규정에 얽매어서는 아니 된다고 자위自慰하면서 생도 규정을 되뇌었다.

1970년 8월 24일(월)
자퇴서를 낸 채 유격훈련 참여

유격훈련을 출발하는 월요일 아침, 장대비가 쏟아진다. 나는 자퇴서를 제출한 터라 훈육관실로 가서 유격훈련을 받지 않겠다고 하였다. 하지만 아직 생도 대장과 학교장의 승인이 나지 않았으니 우선 훈련지로 출발하라고 하였다. 나는 편치 않은 마음으로 유격훈련에 참여하였다.

1970년 8월 30일(일)
인간의 한계는 어디까지인가
————

1주 차(8월 24일~29일) 유격훈련을 마치고 쉬는 날, 지난 유격훈련을 복기해본다. 우리는 장대비를 헤치고 무등산을 넘어 동복유격장에 도착하였다. 입대식에서 유격대장의 첫마디는 김신조를 초월해야 한다는 것이었다. 특히 육사 26기에 이어 세 번째 재교 기간에 받는 유격훈련이므로 선배들의 전통을 이어받아 사관생도의 명예를 더욱 높일 것을 주문하였다.

이로부터 1주간 우리는 사관생도라는 자존심은 온데간데없이 오로지 인간 한계를 시험하는 레인저 코스, 기상과 동시에 선착순 구보 훈련, 장애물 극복 훈련, 10킬로미터 구보 훈련에 매진하였다. 참호격투 시에는 동기생끼리 인정사정없는 혈투를 강요받았다.

계속되는 훈련으로 젖은 팬츠를 입고 하루를 시작해야 하는 고통은 더욱 견디기 힘들었다. 마침 옆에서 기상하던 이○○ 생도에게 여분의 마른 팬츠가 있다는 것을 알게 되었고, 나와 다른 생도가 팬츠를 빼앗아 입었다. 무척 흡족하던 차에 이를 본 조교가 선착순 집합한 우리들만 골라서 웅덩이 속으로 처박을 때의 야속함은 두고두고 기억할 것이다.

1970년 9월 3일(목)

평생 잊을 수 없는 통닭의 맛

유격훈련 2주 차(8월 31일~9월 3일)에는 동복유격대에서 고립된 전투상황에서 생존하기 위한 야생 뱀 등 동식물 먹기, 공격 목표 찾기, 적진지 정찰, 동복천* 푸른 강에 수중 수직 낙하 및 하강 횡단 등의 극한 실전 훈련이 계속되었다.

계속되는 PT 체조와 주야간 철야 훈련에 지칠대로 지쳐 있는데, 훈육관이 우리를 동복천의 청라 강변에 집결시키고 통닭 1마리씩 배급하였다. 단연코 내 인생에서 가장 맛있는 통닭이었다. 얼마나 고소했는지 뼈다귀가 거의 없을 정도였다. 훈육관의 배려가 눈물겨웠다.

1970년 9월 13일(일)

야간에 부상한 동료를 업고 훈련하다

3주 차(9월 4일~12일)에는 유격훈련의 하이라이트인 적진 수색, 매복, 습격 후 적진에서 도피 및 탈출하는 완전무장 훈련을 실시하였

---

* 동복호 댐 설치 전 명칭이다.

다.

훈련 과정 중 야간 산야를 수색·정찰하다가 황○○ 생도가 넘어져 발목을 다쳤다. 우리는 앞이 보이지 않는 캄캄한 밤에 비를 맞으며 황 생도를 업고 하산하여 집결지에 도착하였다.

적진을 도피·탈출하는 마지막 훈련을 앞두고 유격 조교들이 우리의 군장과 개인 소지품 일체를 점검하였다. 결국 우리는 용돈 한 푼 없이 5인 1개조로 섬진강 대안에서 탈출하였다. 우리 조는 구례 읍내에 위치한 뒷산 아군 집결지까지 무사히 도착하기 위해 기지를 발휘하였다. 어둑어둑한 틈을 타서 섬진강가에 있는 나룻배를 타고 M1소총을 분해하여 개머리판으로 노를 저어 읍내에 진출하는 데에 성공하는 듯하였다. 그러나 길목에 대기 중이던 유격 조교에게 적발되면서 뿔뿔이 흩어졌다가 재집결하였다. 이때는 임○○ 생도가 사라졌는데, 천은사 집결지에 도착하니 이미 와 있어 무척이나 반가웠다.

1970년 9월 20일(일)
마지막 1,000리 길이 인내심을 채근하다

모든 올빼미 훈련을 마치고, 총 행군 거리 1,000리 길을 채우기 위해 구례에서 광주 상무대까지 행군하였다. 상무대가 보이는 광주 둑

밤길이 어찌 그리 멀던지 곰 발바닥 걸음걸이가 자꾸만 더디어졌다.

나는 자퇴서를 제출한 사실을 까마득하게 잊고, 오기로 4주 내내 항상 선두에 서서 유격훈련을 마쳤다.

1970년 10월 2일(금)

무효가 된 자퇴서

——————

하기 군사훈련에 이어 삼사 체육대회, 국군의 날 등 연중행사가 모두 끝났다. 모처럼 전 학년 생도가 생도대 광장에 모두 모여 4학년 연대장 생도의 구령 하에 점심 식사를 위한 집합 대열에 섰다.

중대별로 식당에 입장하는데, 훈육관이 나를 호출하였다. 호주머니 속에서 나의 자퇴서를 꺼내더니 유격훈련을 성공적으로 완수했으므로 이 자퇴서는 무효라고 하면서 찢었다. "귀관은 유격훈련에서 2등 하였다"고 칭찬과 격려를 하면서, 이번 유격훈련처럼 타 생도보다 더욱더 모범적으로 생활할 것을 주문하였다.

1970년 12월 12일(토)

대대장 생도라는 중책을 맡다

——————

오늘은 4학년 생도와 우리 3학년 생도 간 생도대 자치 지휘 근무 교대식이 열렸다. 1·21 사태로 인해 국방부의 초급장교 확충 정책에 따라 제31기 생도부터 모집 인원이 250여 명에서 500여 명으로 배가된다. 이에 따라 내무반은 신축을 마친 상태다. 대대는 제31기가 정식 입교하는 내년부터 제3대대로 증편하기로 하되, 우선 1·2대대만 지휘 근무를 인수하였다.

통상 4학년 졸업 직전인 2월에 생도 자치 지휘 근무를 맡아왔는데, 우리 기수는 조기에 지휘권을 인수하였다. 나는 제2대대장 생도라는 중책을 맡게 되었다.

1970년 12월 24일(목)
동기 생도들을 고향으로 초대

————

휴가 출발 전, 신라문화유적을 구경할 겸 준공한 우천서당도 자랑할 목적으로 내 고향에 동기 생도들을 2박 3일 일정으로 초대하였다.

첫날에는 경주여고 출신 여학생과 포크댄스 파티를 하고, 둘째 날에는 불국사를 거쳐 고교 3년 동안 버스 길이 막힐 때 쌀 한 말을 지고 고행했던 토함산 코스를 따라 롱 코드 산악행군을 하였다.

고향에 도착한 우리에게 어머니께서는 큰 대나무 광주리에 영

덕 대게와 해삼 및 멍게를 내어놓았다. 세 광주리나 먹는 것을 보면
서 어머니는 아들이 장성한 것을 처음 느꼈다며 흐뭇해하였다.

긍정적 '지휘자'로 성장하다

1971년 3월 1일(월)

3개 대대 체제로 증편되다

오늘은 수십 년 동안 유지해 오던 8개 중대 2개 대대 체제에서 12개 중대 3개 대대 체제로 증편되는 입교식이자, 나에게는 2대대장 생도로서 4학년이 되는 날이다. 지난 3년 동안 동거동락해 왔던 우리 5중대 4학년 동기생 11명도 3대대로 재편되었다.

1971년 3월 17일(수)

생도 규정 위반으로 집단 퇴교 조치

생도 규정은 지난 4년 동안 사관생도의 신조를 내면화시켜 호국의 간성으로 육성하기 위한 고도의 자기절제력을 배양하기 위해 의도적으로 마련된 것이다. 그런데 4학년 생도 중 다수가 이 생도 규정을 어기는 불미스러운 일이 발생하여 집단 퇴교조치 되었다. 그것도 4년 동안 8개 학기마다 치러지는 67고지를 모두 넘고, 마지막 보병학교 초군반 교육과정을 성공적으로 마치고 화랑대로 복귀하는 전날에 말이다.

그중 한 선배는 2학년으로서 1학년인 나에게 사관생도 신조의 깊은 뜻을 깨우쳐 주었던 모범적인 상급생이었다. 졸업 직전이라 이미 군번과 장교 복장까지 보급된 상태에서 내려진 조치라 선처를 호소하며 울부짖는 선배 가족을 보면서 사관생도 규정과 자기 절제력 사이에 깊은 갈등이 생겼다.

나는 2대대장 생도로서 우리 2대대 소속 졸업생이었던 선배들의 군번과 장교 복장 등의 관물을 반납하고 뒤처리하였다. 이 일을 지시한 대대장은 전장에서 군기를 바로 세우지 않으면 적과 싸워 이길 수 없음을 강조하였다.

1971년 4월 10일(토)

생도 규정에 따른 벌점이 강화되다

────────

교수부 수업을 듣고 생도대로 와보니 4개 중대뿐만 아니라 4학년 지휘 근무 생도에게도 훈육관이 내무 정돈 불량으로 벌점을 부여하였다. 그러면서 대대장 생도로서 지휘 책임을 지고 1개월 동안 외출을 금지하고, 벌점 초과 하급생들과 함께 1주간 자유시간에 직각 보행 벌을 서라는 지시가 내려졌다. 졸업 선배들의 생도 규정 위반에 따른 여파가 더욱 강화된 생도 규정 준수로 이어지고 있었다.

생도 생활의 황금기라고 할 수 있는 4학년 1학기를 지휘 생도로서의 책무로 인해 외박도 못 나가고 1시간 벌을 서면서 보내야 하다니……. 그 덕에 평일에 못다한 전공과목을 복습하였다. 오늘도 골방 신세다.

1971년 5월 15일(토)

계절의 여왕 5월이건만

────────

사관생도 시절의 마지막이 될 계절의 여왕 5월이지만, 머릿속은 온통 하급 생도 지도와 67고지 통과만이 가득하다. 기분 전환을 위해 모처럼 외박을 나갔다. 하지만 3선 개헌에 따른 4·27 대통령 선거

뒷이야기와 교련 반대 시위로 시국은 혼란스럽기만 하였다.

1971년 5월 20일(목)

공산 혁명전략과 시국

———

북괴 공산당의 3단계 혁명전략을 현 시국과 연관지어 설명한 비교 사회학과 교수의 강의를 감명 있게 들었다.

첫 번째 단계가 용어 혼란 전술로서 안 가진 자를 대상으로 자본주의의 사유재산을 부르주아 계급이 착취하였다고 선동한다. 두 번째 단계는 안 가진 사회불만 세력들을 규합하기 위한 전위前衛조직을 만들어서 프롤레타리아 계급을 조직화한다. 세 번째는 이들 전위조직의 주도로 프롤레타리아 계급을 총궐기함으로써 부르주아 계급을 타도하고 자유사회를 전복시켜 공산사회로 적화통일한다.

그러면서 월남전 철수에서 알 수 있듯이 자국 이익 중심의 세계 전략에 대응하려면 우선 국가 경제 발전에 기반한 자주국방 태세를 확립해야 한다고 강조하였다. 특히 북괴 공산집단의 대남 적화통일 전략이 날로 심해지고 있는 상황에서 교련 반대는 바람직하지 않다고 역설하면서 사관생도의 강한 이론 무장을 주문하였다.

1971년 7월 31일(토)
조건반사적 반복 훈련을 강요하는 공수훈련

———————

마지막 하기 군사훈련이 시작되었다. 여기서도 사관생도의 자존심
이 어김없이 꺾였다. 1주 차에는 모형 헬기 속에서 1만, 2만, 3만을
외치면서 바닥으로 뛰어 착지하는 지극히 단순 동작을 하루 8시간
씩 그것도 일주일 내내 반복 훈련하였다.

4년 동안 어려운 미적분을 통과하고 유격훈련 등 수많은 교육
을 수료하면서 이론과 실제를 겸비했는데, 온갖 모욕적인 PT체조
를 강행하는 단순 반복 훈련에 대해 공수교관에게 이의를 제기하
였다. 그러자 교관은 총알이 빗발치는 절체절명의 위기 속에서도
"공격 앞으로!" 할 수 있는 용기는 무의식적인 행동에서 나오며, 이
것만이 생명을 담보할 수 있다고 설명하였다. 이 무의식적 행동은
오로지 조건반사적인 반복 훈련을 통해 나온다는 것을, 부하가 잘
못 던진 수류탄에 자신의 몸을 던져 부하를 구했던 강재구 소령이
몸소 실천하셨다고 강조하였다.

그러면서 "안일한 불의의 길보다 험난한 정의의 길을 택한다는
사관생도 신조의 참뜻 또한 편하게 대충대충 훈련하는 것은 전투
에서 패배하는 불의의 길이요, 강도 높은 훈련으로 싸워 이기는 것
이 정의의 길"이라고 말하였다.

1971년 8월 22일(일)

푸르른 창공에서 몸을 던지는 극한 훈련

———

3주간 반복된 지상훈련을 마치고 헬기를 타고 1,500피트(457미터) 상공에서 뛰어내리는 강하훈련을 하였다. 뛰어내리는 순간 1만, 2만, 3만의 복창 함성과 동시에 내 어깨를 잡아당기는 낙하산이 자동 펼쳐졌다. 와! 함성과 함께 짜릿한 쾌감을 느끼는 찰나에 자동으로 접지 동작을 함으로써 일련의 동작이 조건반사적으로 이루어졌다.

그런데 한 생도는 주 낙하산이 펴지지 않자 보조 낙하산을 펼치는 조건반사적 행동으로 목숨을 건졌다. 공수훈련을 통해 실전처럼 훈련해야 한다는 것을 뼈저리게 느꼈다.

1971년 10월 30일(토)

생도 시절의 마지막 화랑축제

———

지난 23일부터 화랑축제가 시작되었다. 생도 시절 4년간의 정성이 점철된 마지막 축제다. 그런데 나는 지휘 생도를 맡았던 탓에 파티 식탁에 칵테일을 준비하는 임무를 맡게 되었다. 난생처음 오드블 hors d'oeuver을 접해 난감해하는 나를 보고 훈육관은 오드블 안주는 칵테일 스탠딩 파티에서 먹는 가벼운 요리라고 설명해 주었다.

이날 나의 파트너는 작년 5중대 동기생의 경주 방문에서 알게 된 금○○이었는데, 공적인 임무를 수행하느라 파트너는 뒷전이었다. 긴 생도 생활의 단편이었던 축제도 이제 끝이라고 생각하니 한마디로 시원섭섭하였다.

1971년 12월 7일(화)
"약소국의 서러움을 딛고 전선을 지킬 것"
————

생도 시절의 마지막 전사 강의 시간이다. 선배 교수가 강의한 닉슨 대통령의 대아시아 정책과 대한 군사 원조에 대한 비판이 또 우리의 가슴을 찔렀다. 미국은 닉슨 독트린을 근거로 1971년 3월 주한 미 7사단을 철수시켰다. 군 전력 증강이 이루어지지 않은 상태에서 미군 감축을 강력히 반대했으나 결론은 약소국의 비애를 느낀다고 하였다.

소련은 북한에 중공업 뿐만 아니라 무기를 직접 지원하는 데 반하여, 경공업 위주로 밀가루 포대만 지원하고 있는 미국의 대한 군사 원조에 대해 비판이 거세다는 것이다. 특히 미 7사단은 8·15 광복 직후인 9월 한반도에 진주해 일본군의 무장해제를 수행하였고, 1948년 일본으로 철수하였다가 6·25 인천상륙작전의 선봉 부대로 참전한 부대다. 선배 교수는 "제관들이 분발하여 약소국의 서러움을 딛고 전선을 지킬 것"을 강조하였다.

1971년 12월 16일(목)
지긋지긋한 시험으로부터 해방

————

4일간 실시한 졸업시험의 마지막 날이다. 돌이켜 보니 매시간 수업 후 실시하는 일일 시험을, 1개의 장이 끝날 때 마다 보는 장말 시험을, 학기말 시험을, 그것도 반드시 넘어야 하는 숙명의 데드라인 67 고지를 무사히 영英*들과 함께 넘겼다.

1971년 12월 17일(금)
아침 북소리에 맞추어 마지막 학과 출장

————

4학년 동기생들은 모두 즐거운 표정으로 책가방을 늘어뜨리고 뒤에서 갈지자 걸음으로 걸었다. 순간 후배 생도들이 달려들어 우리를 화랑천으로 밀어 넣는다. 추운 날씨인데도 모두들 좋아한다. 선후배 간에 추억 만들기 행사다. 이런 촌극은 선배들로부터 오래 동

————

*　4년간 함께한 룸메이트를 '영'이라는 호칭으로 불렀다.

안 이어온 전통이다. 하루 두 번씩 북소리에 맞추어 교수부로 학과
출장하는 풍경도 이제는 마지막이다.

1971년 12월 28일(화)
새마을사업 이후 나아진 고향 마을

————

생도로서의 마지막 휴가다. 대구에서 경북지구 육사 생도 귀향의
밤 행사와 전시회를 끝내고 고향 집으로 향하였다. 고향 마을 분위
기는 한층 활기차고 잘살아 보겠다는 의욕이 넘쳤다. 새마을사업으
로 전기가 들어오고 초가집이 슬레이트 지붕으로 바뀌고 지게 지
던 언덕길은 우마차가 다닐 수 있도록 넓어졌다.

정부에서 설치한 앰프 덕에 집집마다 마을 공동 라디오방송 소
리가 울렸다. 아버지와 할머님 묘소에 성묘하고 돌아오는 길에 삼
촌 댁에 들렀다. 올해는 제법 살림살이가 나아졌다고 하신다. 특히
통일벼 시험 재배 덕분에 쌀 수확량이 반수 이상 늘었다고 한다.

저녁에는 어머니께서 통일 쌀 대신 아키바레 쌀로 밥을 지었는
데, 정말 맛있었다. 학교에서 먹던 잡곡밥보다 훨씬 밥맛이 좋았다.
그런데 오늘뿐이란다. 흰 쌀밥만을 먹기에는 쌀이 부족할 뿐만 아
니라 파출소 눈치도 봐야 한다고 하신다. 그럼에도 할아버님 밥상
에는 어머니가 손수 만든 농주 한 사발이 놓여 있다.

그 많던 동네 젊은 아재와 형님들이 보이지 않는다고 했더니 정부의 경제개발 5개년 계획에 의해 조성된 포항과 울산공단에 취업하였다고 한다.

1971년 12월 31일(금)
생각의 차이를 발견

————

4학년 생도 생활은 내게 큰 전환기의 해였다. 대대장 생도로서 지휘 경험을 통해 군인이 되기 위한 신념을 굳히고, 사생관을 정립하는 일에 모든 정성을 쏟았다. 반면에 나 자신을 위한 시간은 없었다. 내가 소중하게 생각하고 바랐던 영들과의 우정도, 데이트 추억도 완전하지 못하였다.

　밖은 **12월 6일 대통령이 발표한 국가비상사태선언**을 두고 논란이 많다. 오랜만에 만난 고등학교 친구들은 우리의 영들과는 사뭇 다른 이야기를 늘어놓았다. 급변하는 국제정세에 비추어 볼 때 공산주의자들의 대남 침략 전술과 도발을 억제하고 잘사는 나라를 만들기 위한 불가피한 조치라고 주장했더니 사관생도다운 생각이라고 꼬집었다. 생각하는 환경과 관점이 너무 달랐다. 그러나 우리가 해야 할 일은 생각의 차이를 좁히는 것이다.

1972년 1월 2일(일)

소위를 향한 마지막 군사훈련

———

화랑대의 생도 생활을 마감하고 내일부터 3월 14일까지 보병의 길로 가기 위한 초군반 교육을 이수해야 한다. 후배들과 함께하는 시간이 아니라 동기생들만으로 구성된 자치 근무 조직이다. 며칠 전 휴가 분위기와는 완전히 딴판으로 긴장감마저 감돈다.

1972년 1월 31일(월)

군인의 길! 보병의 길!

———

'인생은 나그네! 고행길! 멀고도 먼 군인의 길! 보병의 길!'

전남 장성에서 행군하는 동안 내내 중얼거렸다. 야외 숙영지를 철수하고, 보병의 짐을 메고 또다시 걸으며 중얼거렸다.

'영아! 겨울인데도 비가 오는구나! 비가 온다는 것은 춥지 않다는 것, 얼마나 다행인 줄 몰라. 그렇지만 산 위에는 흰 눈, 흰 눈이야. 속 알맹이까지 젖은 내 육신이 떨대로 떨고 있네.'

정녕 난 무엇을 사고해야 할까? 조국의 땅을 지키기 위한 고난의 과정…….

1972년 3월 28일(화)

꿈과 희망을 품고 현실 속으로!

———————

대통령 임석 하에 육군사관학교 제28기 졸업식이 거행되었다. 졸업의 영광, 영광의 졸업! 그런데 영광의 순간은 잠깐이고, 현실이 기다리고 있다. 졸업이란 새로운 시작이다. 육군 소위는 정녕 현실을 의미한다. 꿈을 먹고 살았던 생도 생활은 지나간 추억이 되었다.

김신조가 도성에 입성한 다음 날, 나도 도성으로 입성해 4년간 사관생도 신조를 조석으로 외우며 어렵고 힘든 정의의 길이 진정한 삶의 정도임을 깨달았다.

우리가 지켜야 할 조국의 현실은 남북 대치 상황이다. 대통령은 졸업 유시를 통해 북괴 공산집단에게 4대 군사노선을 포기하라고 하였다.

이제 210명의 소위는 부임해야 할 전후방 임지로 헤어져야 한다. 나는 경기도 포천군 일동면에 위치한 제8사단으로 명령받았다. 내 생도 생활의 전부였던 화랑 연병장을 떠나야 한다. 꿈과 희망, 그리고 현실, 친구들과의 우정을 가슴에 품은 채⋯⋯.

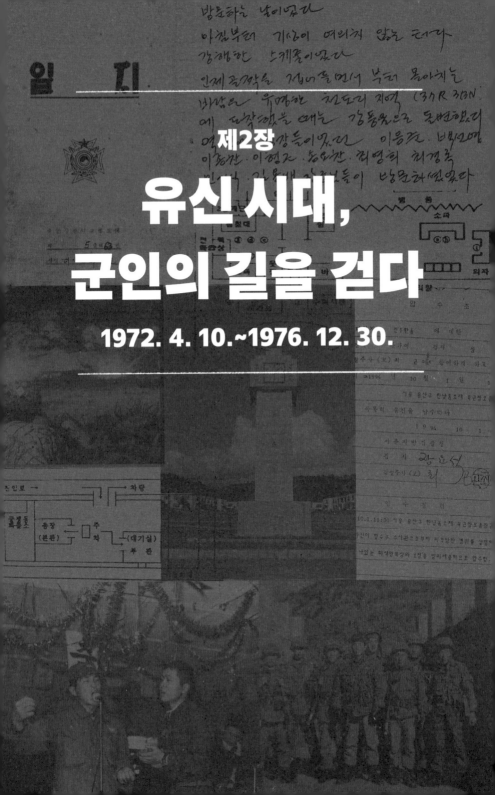

제2장
유신 시대,
군인의 길을 걷다
1972. 4. 10.~1976. 12. 30.

10월 유신과 소대장 임무

1972년 4월 10일(월)

육군 소위, 신고합니다!

———

제8사단장님에게 동기생 6명이 함께 전입신고를 하였다. 인정이 많아 보이고 점잖은 분인 것 같았다.

4주간 사단 간부교육장에서 교육이 진행된다. 또 지긋지긋한 교육이다. 그렇지만 이제는 달리 생각해야 한다.

1972년 5월 6일(토)

보직 신고하다

———

제8사단장님에게 부대 배치 신고를 마치고, 동기생 정○○과 나는 21연대장 노태우 대령에게 신고하였다. 나는 3대대(대대장 이○○ 중령), 정○○은 2대대(대대장 조○○ 중령) 소대장으로 보직되었다.

1972년 5월 19일(금)

소대원과 야간 매복하다

———

간밤에 매복 근무를 하고 철수하는 길에 산정호수에서 잠시 휴식을 취하였다. 아카시아 꽃향기가 황홀한 오뉴월 아침, 물안개가 자욱한 호숫가에서 강태공이 세월을 낚고 있다. 나도 먼동이 틀 무렵 낚싯대를 걸쳐 놓고 자연의 엄숙한 숨결을 들으며 순수한 자연의 순정을 낚고 싶었다.

그러나 나는 오늘 조국의 전선, 종심 진지를 지켜야 한다. 잔잔한 물 위에 살며시 나부끼면서 걷히는 물안개를 따라 허공을 향하던 일점은 순간 현실로 돌아왔다. 그래도 대자연의 싱그러움과 신비로움이 뜬눈으로 지샌 간밤의 피로를 말끔히 씻어주었다.

1972년 6월 25일(일)

분식 장려 정책과 불은 라면

———

훈련 후 아침 식사로 라면이 배급되었다. 예상보다 훈련이 늦게 끝나는 바람에 라면은 불어 있었는데, 선배 소대장이 항의하면서 취사반장 간에 언성이 오갔다. 나는 사관학교 4년간 불어 터진 라면을 먹었던 터라 익숙하게 잘 먹었다. 식량 부족으로 인한 정부의 분식 장려 정책이 이곳 전선에서도 이어지면서 발생한 해프닝이다.

국가가 식량을 자급자족하고 잘살아야 군대도 잘 먹을 수 있다. '부국富國이 강군強軍을 만든다'는 대통령의 통치 이념을 다시 떠올렸다.

1972년 7월 4일(화)
7·4 남북공동성명 발표
———

오늘은 **남북한 당국이 분단 이후 최초로 통일과 관련하여 합의한 공동성명을 발표**하는 역사적인 날이다. 그러나 북괴 공산주의자의 진심을 얼마나 믿을 것인지는 두고 볼 일이다. 과거 역사가 말해 주고 있지 않는가? 따라서 지금 내가 해야 할 일은 전선을 지키기 위해 강한 소대를 만드는 것이다.

1972년 7월 16일(일)
미군이 남긴 시설물로 환경 정리
———

미 기갑부대가 철수하면서 기지 내 남은 각종 시설물과 비품들로 대대 식당과 중대 내무반을 꾸몄다. 심지어 바닥까지 철거해 와서

BOQ까지 깨끗하게 장식하였다. 그 결과 대대장으로부터 환경 정리를 잘하였다는 칭찬을 받았다.

한편으로는 가난한 군대의 단면을 겪은 듯해 마음이 착잡하였다. 그러나 우리는 정신적으로 강해야 하고 사기가 충천해야 한다. 그래서 소대원들과 한바탕 배구를 하고 막걸리 파티를 열었다. 이때마다 소대장 봉급 월 2만 2000원은 소대원 회식비다. 어쩌겠는가. 봉급을 터는 것이 가장 정확하고 빠른 리더십이 되는 것을.

1972년 9월 3일(일)
4각 개념으로 시험 편성
———

우리 중대는 육군의 4각 연대 시험 편성 개념에 의거해 4대대 창설 중대로 가서 15중대가 되었다. 별명도 약진 편성이라고 한다. 북괴의 도발에 대응하고 조국의 땅을 현 전선에서 한치도 물러서지 않으려면 예비전력이 더 필요하기 때문이다.

1972년 9월 16일(토)
화해 무드 속 강화된 경계 태세
———

급변하는 세계정세 속에 우리 국내 정세도 급변하고 있다. 지난 **9월 13일 서울에서 남북회담을 개최**하였다. 외형적으로는 남북 화해 무드라 훈련도 영내 훈련 위주로 실시하고 있다. 정훈 교육은 더욱 강화되었고, 군복을 입고 외출·외박·휴가도 자유롭지 못하다. 이또한 남북 분단의 현실이다.

1972년 9월 30일(토)
새마을운동 노래에 맞춰 기상

———

소대장 부임 6개월이 지나면 영외 생활을 할 수 있다. 그래서 고개 넘어 민가에 잠만 자는 방을 얻었다. 기상나팔 대신 새마을운동 노랫소리에 잠이 깼다. '잘살아 보자'는 불굴의 의지가 마을에도 울려 퍼지고 있다.

위정자의 철학과 생각이 나라와 국민을 바꾸고 있다. 지도자는 비전과 행동 방향을 제시해야 한다. 그것도 막연한 구호가 아니라 실천이라야 한다.

1972년 10월 2일(월)
휴가 귀대 후 병사의 자살

인접 부대에서 말년 휴가를 갔다 온 병사가 5일 만에 뒷산에서 목을 맨 자살 사건이 발생하였다. 그 여파로 중·소대장의 면담일지 기록을 점검하는 소동이 벌어졌다. 늘 사건이 발생하면 대책 마련에 부산하면서도 형식적이다.

이 병사의 자살 원인은 제대 후의 생활고였다. 자살하기 전 주변 전우에게 제대 후에 살아갈 희망이 보이지 않는다며 미래를 비관하였다고 한다. 결국 부하 관리의 범위는 부대 내부의 문제에서 병사 개인의 가정과 신상에까지 확대해야 한다. 근원적인 해결책은 가정이 안정되고 잘살 수 있도록 하는 것이다.

1972년 10월 19일(목)

10월 유신 선포

10월 17일 전국에 비상계엄령이 선포된 지도 이틀이 지났다. 연대 전 간부들이 모인 자리에서 연대장 노태우 대령이 직접 비상계엄령 선포의 배경과 불가피성을 설명하였다.

1972년 11월 25일(토)
관심사는 오직 먹고사는 문제뿐
————

한 병사의 한심한 사정 때문에 출장을 가게 되었다. **11월 21일 유신 헌법에 대한 국민투표**가 있었는데, 대대원 세 명의 부재자 투표에 필요한 집 주소가 틀려서 현지에서 투표하도록 휴가 조치한 바 있다. 그런데 우리 소대 김○○ 일병이 귀대하지 않았다. 정상적으로는 휴가 미복귀 보고를 하면 되지만, 국가적인 행사를 치르는 데 누가 되지 않도록 병사를 찾아오라고 하여 부산까지 내려갔다.

집을 방문해 보니 부모님은 아파서 일하지 못하고, 어린 여동생이 봉제로 생계를 유지하고 있었다. 이런 가정환경 아래서도 군 복무를 해야 하는 조국의 분단 현실이 가슴 아팠다. 가난과 병마에 찌든 이들에게 10월 유신은 전혀 무관심 대상이었다. 일각에서는 장기 집권을 위한 것이라고 하나, 적어도 내가 본 10월 유신은 뿌리 깊은 가난을 퇴치하기 위한 국력의 조직화에 있는 것 같았다.

평시 집 주소 등 병사 신상파악이 미비하여 부재자 투표를 하지 못하였을 뿐만 아니라 현지 투표를 위해 휴가 간 병사가 미복귀한 일로 인하여 중대장과 대대장으로부터 호되게 꾸중을 들었다. 그러나 김○○ 일병을 전과자로 만들지 않았다는 자부심으로 위안을 삼았다. 나는 또 고민하였다. 규정은 반드시 지켜야 한다. 그러나 규정에 얽매여서는 안 된다…….

1972년 12월 27일(수)

제8대 박정희 대통령 취임

———————

오늘은 역사적인 날이다. **유신헌법이 공표되고 박정희 대통령이 제8
대 대통령으로 취임하는 날**이자, 6.25 전쟁으로부터 나라를 다시 찾
게 하는 데 결정적 역할을 한 트루먼 전 미국 대통령이 서거한 날이
다. 전선을 지키는 우리에게는 더더욱 굳건한 안보가 필요한 시기다.

국제 유류 파동과 연대 군수장교 임무

1973년 1월 22일(월)

연대 군수장교로 보직 신고

군 생활에 전환점을 맞이하였다. 9개월간 소대장 임무를 마치고 연대 군수장교라는 연대본부 참모장교 직책을 맡게 되었다. 연대 군수주임인 박○○ 소령은 이 일이 사관학교에서는 거의 배우지 않았고 부조리한 부분도 많다고 당부하며 적극 추천하였다. 나는 자율적으로 능력을 발휘할 기회라고 생각하였다.

저녁에는 그동안 생사고락을 같이했던 중대장 김○○ 대위와 중대 내 소대장들이 함께 송별 회식을 가졌다. 연대장 신고 후 업무를 인수하였는데, 연대 군수품을 관리하는 직책이었다. 연대장으로부터 위임받은 것은 물종별 군수품 회계 위임장과 무려 12개나 되는 도장이었다.

1973년 1월 27일(토)

월남전 휴전의 교훈

———————

미국과 월맹이 11년 동안 끌어오던 **월남전을 종식시키는 휴전 협정서에 서명**하는 날이다. 월남은 분단된 상황에서 공산주의자들과 싸워서 자유민주주의를 지켜낼 수 있을까? 1차 관건은 군인이지만, 결국은 국민의 총력안보관과 국력일 것이다. 국가안보는 국민 전체의 총화단결과 직결돼 있다.

6·25 전쟁 직전에 한반도에서의 미군 철수가 좋은 교훈이다. 미군 철수 후 우리는 나라를 지킬 힘이 부족하여 북괴 공산주의자들로부터 남침을 당하였다.

1973년 2월 14일(수)

연대 군수장교의 첫 시련

———————

아침 일찍 사단 보급대대에서 연대 전체의 부식을 수령하여 대대별 취사장에 불출拂出하러 가는 도중에 과속하였다는 이유로 헌병대에 연행을 당하였다. 나는 헌병대에서 조사를 받고 사정도 해보았으나 돌려보내 주지 않았다. 부식 불출이 늦으면 병사 석식 준비도 늦어진다. 결국 헌병대장실로 찾아가 항의했더니 헌병대장이 주의를 주는 선에서 해결되었다.

부식 불출 후 연대본부에 돌아오니 연대장님이 호출하였다. 먼지 날리는 비포장도로에서 하루 종일 교통 정리하는 헌병들의 입장도 생각하라면서 군수품에 손대지 말고 매월 용돈을 줄 테니 콜라 등으로 헌병대 초병을 격려하라고 하였다. 원칙으로만 되지 않으니 역지사지하라는 것이다.

1973년 2월 13일(화)
가야 할 군인의 길
————

사단참모장과 사단장 전속부관 요원 선발을 위한 면담을 끝내고 이 사실을 군수 주임에게 보고하였다. 노태우 연대장은 전속부관은 배울 것이 없다면서 사단 참모장에게 전화해 나의 선발을 취소하였다.

내가 가야 할 군인의 길은 어디인지 다시 고민하는 순간이었다. 군 생활도 어느 시기에 어떤 보직을 맡느냐에 따라 진로가 결정된다. 군수 분야를 선택한 이상 초지일관할 필요가 있다. 1종부터 9종 수리부속까지의 전 군수품 수령, 반납 등의 물류를 경험하자!

1973년 3월 8일(목)

연대 전투단 훈련이 시작되다

군수는 99퍼센트 준비가 곧 훈련이다.* 훈련보다 준비가 더 중요하고 할 일도 많다. 전투지원부대와 사단으로부터 지원 받은 기동차량이 출동하는 모습을 보고 실제 전장에서 군수 지원의 중요성을 깨닫게 되었다.

하지만 훈련장에서의 나의 역할은 고작 심부름꾼에 불과하다. 결국 군수는 출동 전에 전투 물자와 장비를 완벽하게 준비함으로써 전투 지속 능력 확보에 대비하는 것이다.

1973년 5월 14일(월)

메뉴표가 곧 급식 명령서다

새벽에 호출되어 가보니 사단으로부터 불시 급양 감독이 나왔다. 연대에서 불출한 것과 실제 대대에서 취사한 것을 비교한 결과, 다소 차이가 났다. 군부대 급양 감독의 핵심은 급식 명령서인 메뉴표대로 조리했는지다.

---

* 준비의 중요성을 강조한 표현이다.

백미와 보리의 혼합 비율 75:25를 지키지 않아 쌀이나 보리가 부족한 대대가 속출하는 등 각양각색이었다. 대대 급식을 관리 통제해야 할 실무자로서 무지함이 이만저만이 아니었다. 정량 보급보다 더욱 중요한 것은 지시된 메뉴표에 의해 조리하는 것이다. 그래서 급식 명령서다.

1973년 6월 10일(일)
군수품 수공구 감찰
————

지난주에는 3일 내내 육군본부 수공구 감찰 검열을 받았다. 연대에서 사용하고 있는 수공구 중 90퍼센트가 미군 제품이다. 특히 미군이 철수하면서 인수한 수공구가 돈으로 환산되어 대한對韓 무상원조 금액에 포함되기 때문에 육본에서 직접 감찰 검열을 나온 것이다.

M16 소총은 제외하고 잡다한 것만 인계하고 떠난 현실 앞에서 M1 소총으로 무장한 우리 군의 무기 현대화가 캄캄해 보였다. 언젠가 육사 선배 교수님이 미군의 대한 군사 원조에 관해 비판한 강의가 생각났다. 하지만 군수장교인 나에게는 수리부속과 공구 관리 체계를 확실히 알게 된 계기가 되었다.

1973년 8월 14일(화)

군 생활도 늘 선택의 연속이다

———

계절의 문턱에 서다. 한낮엔 따가운 햇볕, 저녁엔 서늘한 밤공기, 보름달이 지난 아스라한 달빛이 더욱 로맨틱한 기분을 자아낸다. 이번엔 군단장 전속부관 요청이다. 왜 나한테 전속부관을 하라고 할까? 또 연대장님은 반대한다. 이리 갈까? 저리 갈까? 선택의 길목이다. 이정표 없는 삼거리에서……

그렇지만 내가 가야 할 길은 야전 군인의 길이고, 지금은 야전 기본 업무를 확실히 경험해야 할 시기다.

1973년 9월 5일(수)

다이아몬드는 1개보다 2개가 더 멋있다

———

날씨가 서늘해졌다. 그러나 한낮은 아직도 따갑다. 9월 1일부로 중위로 진급하였다. 27기 선배에 비해 6개월이나 늦은 진급이지만, 다이아몬드 한 개보다 두 개가 더 어울린다. 연대장님이 계급장을 달아주었다.

1973년 10월 5일(금)

전쟁사가 말하는 것

———

이스라엘의 종교적 축제일인 욤 키푸르(사죄의 날)를 기해 이집트 군이 이스라엘을 선제 공격하였다. **제4차 중동전 발발**이다. 기습이란 전장에서 먼저 기도하는 자의 몫이라는 사실을 또 한 번 실감한 전쟁이었다. '평화를 원하거든 전쟁을 준비하라'는 것은 동서고금의 전쟁사가 말해 준다. 그만큼 국방력을 키워야 한다는 의미다.

1973년 11월 4일(일)

유류 파동 여파가 군에도 심각하다

———

중동전쟁으로 인해 애꿎게 유류값이 천정부지로 치솟고 있다. 유류 보급을 맡고 있는 나는 유류 사용을 통제해야 하는 상황에 직면하였다. 결국 월동 준비를 거의 끝낸 상태에서 유류 사용량을 대폭 삭감하였다. 특히 차량 통제로 연대 참모들간의 갈등이 심각했는데, 나로서는 이를 중재하는 게 여간 힘든 일이 아니다. 그리고 대대는 취사용 경유가 부족하다 보니 궁여지책으로 야외훈련 때마다 개인 취사로 유류를 절약하도록 지시하였다. 기름 한 방울 나지 않는 나라의 설움이 군에도 그대로 옮겨 왔다.

1973년 11월 24일(토)

군인의 길은 촛불처럼

———

촛불 같은 희생정신! 촛불같이 투철한 책임 의식! 촛불은 자신의 눈물을 흘리면서, 즉 자신 몸을 태우면서까지 맡은 책임에 대해 최선을 다한다. 그러므로 자신이 해야 할 일에 최선을 다하는 정신이 우리 시대에 절실히 필요하다. 그런데 그 책임의 대상은 우리 인간 사회에서 누구에게나 유익한 보편타당한 것이어야 한다.

1973년 12월 9일(일)

주곡 부정 사건을 예방하려면

———

국가적인 쌀 부족으로 군수품 부정 사건이 발생하였다. 주·부식 수불 담당관이 농협 창고 직원과 담합해 주식인 쌀과 보리를 부정처분한 것이다. 우리 부대에도 주·부식 수불 회계 검열이 나왔다. 나는 주·부식 수불을 1종 담당관에게 위임하고 월말 결산과 감독을 담당하고 있어서 검열에도 떳떳하였다. 결국 해답은 관리자의 철저한 감독이며, 담당관의 양심과 도덕이다.

1974년 2월 23일(토)
국제적인 유류 파동에서 나의 할 일

————

전년도에 계획대로 월동 준비를 하고 보급을 완료했건만 2월이 되자 분탄이 모자라다며 야단들이다. 어느 중대는 불법으로 벌목하다가 파출소와 헌병대에서 조사받기도 하였다.

　우리 부대도 소대장 시절 심었던 아카시아가 많이 자랐다. 그런데 어느 봄에는 사방사업을 명목으로 벌거벗는 산야에 나무를 심고, 어느 겨울에는 땔감으로 벌목하는 게 우리 현실이다. 정부의 에너지정책과 치산사업 추진이 참으로 어려워 보인다.

　결국 군수품 관리자로서 나의 할 일은 계획도 중요하지만, 실제로 집행 상태를 확인·감독하는 일이다. 그것도 두 발로 걸어가서, 두 눈으로 보고, 두 손으로 만져보며 행동하는 근무 자세가 관건이다.

1974년 7월 23일(화)
또 한 통의 전화, 또 한 번의 기로

————

사단 보임장교로부터 0공수여단 창설 요원으로 예비 차출 명단에 내가 포함되어 있다는 전화를 받았다. 하지만 나는 7월 30일자로 대대 작전장교로 보임될 예정이었다.

어떤 선택을 해야 할 것인가? 밤새도록 생각해 보았으나, 결과는 같았다. 이곳 전방에서 중대장까지 하기로 한 나의 초심을, 연대장님이 사단 보임장교에게 연락하여 육군본부 인사 담당자에게 전달함으로써 0공수여단 차출이 취소되었다.

자유 월남 패망과 대대 작전장교 임무

1974년 7월 30일(화)

지난 업무를 되돌아보다

———

대대 작전장교로 부임하였다. 대대장이 하는 일을 지근거리에서 몸소 터득할 수 있는 좋은 기회다. 한 직책을 끝내는 시점에서 군수장교의 업무를 돌아보았다. 군수 보급 업무의 밑바닥을 샅샅이 파헤치면서 문제점을 느꼈지만, 내 힘으로 해결할 수 있는 것은 한정돼 있었다.

특히 물품 보급 후 재산을 기록하는 단순 업무는 야간 작업으로까지 이어져 병사들의 고생이 이만저만이 아니다. 이러한 문제를 해결하기 위해 주산을 잘하는 상고 출신 병사를 보급계원으로 선발 및 양성하는 것도 방법이지만, 언젠가는 전산화가 이루어져야 함을 절실히 느꼈다. 그리고 2년 동안 경험한 군수 보급 업무는 내 군 생활에 좋은 길잡이가 될 것으로 생각되었다.

1974년 8월 19일(월)

박 대통령 영부인 영결식

————

8·15 광복절 경축식장에서 문세광이 쏜 총에 맞아 육영수 영부인이 운명했고, 오늘 영결식이 거행되었다. 정말로 온 국민이 슬픈 하루였다. 문세광은 재일在日 조총련계 한국인이라고 한다. 국력 쇠퇴로 인해 생긴 일제 강점기는 한민족의 비애를 낳고 분단으로 이어졌다. 그로 인한 이념 대결이 또 우리를 슬프게 하고 있다. 이로써 우리는 비상근무에 수색 매복작전을 더욱 강화해야 했다.

1974년 11월 16일(토)

북괴 땅굴 발견

————

오늘자 신문에 **1사단 임진강 고랑포 지역에서 북괴가 남침을 위해 파놓은 땅굴을 발견**하였다는 기사가 실렸다. 작전 도중 북괴군으로부터 기관총 사격을 받아 3명이 전사하고 5명이 부상당하였다고 한다.

　　그렇다면 북괴군은 1972년 7·4 남북공동성명을 발표해 놓고, 남북대화를 통해 평화 제스처를 보이면서 다른 한편에서는 대규모 후방 침투용 땅굴을 구축한 것이다. 공산주의자들의 이중적 전략을 또 한 번 보여준 충격적인 사건이다.

그런데 우리 군의 현실은, 특히 보병 대대급의 전투 준비 태세는 오로지 M1 소총으로 무장한 방어적 훈련뿐이다. 그리고 "때려잡자 김일성!", "쳐부수자 공산당!"을 외치면서 정신 무장을 하는 수준이다.

공산주의자들과 싸워서 이길 방법은 무엇일까? 그것은 군사력 우위를 달성하는 것이다. 그러나 우리 대대 장병들의 머릿속에는 오로지 전역 후에 먹고사는 문제뿐이다.

1974년 12월 5일(목)
국민교육헌장을 주제로 정신 교육

———

오늘은 국민교육헌장이 공포되어 시행된 지 6주년이 되는 날이다. 대대장이 일일 결산회의에서 저녁 점호시간에 국민교육헌장을 주제로 장병들에게 정신 교육을 시키라고 하였다.

나는 그냥 각 중대에 지시하면 교육 준비 불충분으로 부작용이 있을 것 같아 자료를 준비해 각 중대 일직 사관에게 제공하였다. 지니고 있던 육사 생도 시절의 노트가 한몫하였다. 육군사관학교에 다니는 동안 국민교육헌장을 무지하게 외우고 복창하기만 했는데, 지금은 대대 장병들의 정신 교육용 자료가 되었다. 한 구절 한 구절이 우리의 국가 현실과 군 현실에 필요한 실천 덕목이다.

민족중흥! 잘 사는 국가를 만드는 것이 우리의 사명이라고 한다. 그런데 국가의 정책에 반대만 하는 사람들이 있어 혼란스럽다. 긍정적인 자세로 적극적으로 참여하는 자만이 잘살 수 있다고 생각한다. 고졸 이하가 99퍼센트인 우리 대대 병사들은 학생들의 데모가 배부른 철부지 대학생들의 푸념이라고 꼬집는다.

1975년 1월 3일(금)
대통령 신년사로 교육 자료를 만들다

대통령 신년사를 교육하라는 지시가 내려왔다. 소대장 시절 제목만 주고 교육하라는 지시에 불평했던 전철을 밟지 않기 위해 교육 자료를 정리하였다.

박 대통령은 신년사를 통해 해방 30주년을 맞아 무엇보다도 국가 안보 태세를 확고히 하겠다고 밝혔다. 이를 위해서는 국력을 배양해야 하고 그 기본은 근면, 자조, 협동의 새마을정신을 철저히 생활화하는 것이라고 하였다.

국가안보의 최일선에 서 있는 우리 대대의 현실은 95퍼센트가 단기 복무 장병들이다. 제대할 날만 기다리는 이들에게 사회인으로서 스스로 길을 개척해 나가는 데 필요한 덕목이 근면, 자조, 협동 정신이다. 따라서 군 복무 동안 이러한 덕목을 터득할 수 있게 하자는 내용으로 교육할 것을 각 중대에 하달하였다.

1975년 2월 13일(목)
유신헌법에 대한 찬반 투표
————

유신헌법에 대한 찬반 논쟁으로 온통 나라가 시끄럽다. 우리 대대도 상부의 지침에 따라 투표하였다. **유신헌법에 대한 찬반을 가리는 국민투표를 실시**한 결과, 74퍼센트가 찬성이었다.

　정치 권력을 장악하려는 사람들에게는 유신헌법이 문제가 될 것이다. 하지만 먹고사는 데 급급한 사람에게는 잘살아 보자는 비전을 제시하고 이를 강력하게 실천해 나가는 위정자가 사사건건 반대하는 사람보다 낫다는 생각이 들었다.

1975년 3월 12일(수)
월맹군의 공세로 대적 경계령이 발동되다
————

오늘 자 신문을 보니 월맹군의 춘계 공세가 대대적으로 시작되었다고 한다. 결국 공산주의자들과의 휴전 약속은 종이 조각에 불과한 것임을 다시 한번 보여주고 있다.

월남에서의 미군 철수가 힘의 균형을 깼고, 이를 틈타서 월맹군이 대공세를 하고 있단다. 해방 후 미군 철수에 이은 6·25 전쟁 발발과도 너무나 흡사하다. 이로써 전투 준비 태세 점검과 훈련이 더욱 강화되었다.

1975년 3월 25일(화)

북괴 제2땅굴이 발견되다

북괴 제2땅굴이 발견되었다. 이번에는 우리가 맡고 있는 전투 방어선인 철원 북방 지역에서다. 넓이 2.1미터, 높이 2미터이면 한 시간 안에 수만 명의 병력이 야포 등 중화기로 무장하여 주 방어선 후방으로 기습 남침할 수 있다. 전쟁 미치광이나 할 짓이다.

1975년 4월 30일(수)

자유 월남의 패망 소식

인도차이나 반도에서 끝내 자유 월남의 패망 소식이 전해졌다. 북괴 김일성은 4월 26일 중공을 방문하고 돌아왔다. 자유 월남에서 미군의 철수가 공산화 통일로 이어졌듯이, 한반도에서도 미군 철수

만이 적화통일로 갈 수 있다고 오판할 수 있겠다.

1975년 5월 10일(토)
정신 교육이 강화되다

————

연일 자유 월남의 패망 원인에 대한 분석과 정신 교육, 그리고 대비책 마련으로 부산하다. 패망 원인은 지도급 인사들의 부정부패와 민주 인사 및 학생들의 끊임없는 반정부 데모가 가져온 사회 혼란과 갈등이란다. 특히 월맹이 침투시킨 공산 프락치가 반미, 친월맹 세력을 키워 사회 혼란을 격화시키고 정부와 국민을 이간시켰다고 한다.

우리의 사회현실도 뒤숭숭하다. 유신헌법에 대한 논쟁과 정치인들의 반대, 학생들 데모가 연일 이어지고 있다.

판문점 도끼 만행 사건과 중대장 임무

1975년 7월 27일(일)

황소 중대의 황소 인간상

7월 14일자로 제8사단 21연대 6중대 중대장 보직을 받은 지 2주일이 지났다. 이제야 정신 차리고 중대 슬로건을 생각한다. 120명의 장병들과 생사고락을 함께하면서, 부여된 임무를 성공적으로 완수하기 위해서는 조직을 이끌 수 있는 슬로건이 있어야 한다.

고심 끝에 우리 중대를 황소 중대로 정하고, 황소 같은 인간상을 육성하기 위해 황소 인간상을 제정하기로 하였다.

황소 인간상

1. 하면 된다, 안 되면 되게 하라.

2. 언제나 남의 입장에서 생각하자.

3. 주어진 일에 최선을 다하고 끝까지 인내하자.

황소 같은 인간상을 제정하게 된 배경은 그동안 의무 복무 장병을 관찰한 결과, 자기 자신을 위한 목표 없이 시간 때우기로 하루하루를 보내고 있어 군 생활에서 얻어 갈 수 있는 것을 만들기 위해서다. 특히 부모가 준 육신에 조그마한 상처 없이 제대시킬 수 있는 리더십이 필요하다.

그러기 위해서는 중대장의 지시는 완전무결해야 하고 솔선수범해야 한다. 행동에는 반드시 사고思考가 앞서야 하고, 그 사고는 공명정대해야 한다. 또한 중대장은 참모가 없는 최하 지휘관이기 때문에 대대장의 지시를 명찰하여 실천에 옮겨야 한다.

지난 1년 동안 대대 참모를 하면서 절실히 느낀 결론이다.

1975년 8월 24일(일)
리더십이란 무엇인가

———

신임 대대장으로 조○○ 중령이 부임하였다. 10년 선배이므로 나도 10년 후면 대대장을 해야 한다. 그러므로 대대장의 리더십을 배우기로 하였다. 대대장 관사에 함께 이사 오신 사모님도 너무나 온유하다. 아직 총각이기에 더더욱 화목한 가정을 이루고 있는 모습이 부러웠다. 그런데 대대장은 예하 부하들에게 경어를 사용하였다. 좀 색다른 리더십이다. 덕분에 분위기는 훨씬 좋다.

1975년 11월 23일(일)
60킬로미터 행군을 독려하다

———

무려 3개월 만에 먼지 쌓인 노트를 꺼냈다. 그동안 얼마나 바쁜 하루하루였던가! 중대 ATT, BCT, RCT 등등……. 숱한 과제를 남긴 채 시간은 벌써 11월 하순으로 접어들고 있다.

월남 패망에 대한 북괴의 오판을 막기 위한 강도 높은 훈련이 계속되고 있다. 전술훈련이 끝난 시점에서 이어지는 60킬로미터 행군이 대표적이다. 완벽한 전투의 종결은 최종 목표를 보병이 점령하는 것이다. 이를 위해서는 극한 상황을 설정하여 강인한 체력과

인내력을 길러야 한다.

병사들은 잠을 자지 않고 연속되는 행군에 너무 힘들어한다. 나는 이들을 독려하여 부여된 임무를 완수해야 한다. 그래서 캄캄한 야간 행군 길에 중대장의 카랑카랑한 목소리로 중대원들의 발걸음을 재촉하였다.

1975년 12월 18일(목)
중대장으로서 내가 할 일은 무엇인가

―――――――

중대장의 지시와 행동이 얼마나 황소 건아들에게 침투되었는가를 생각해 본다. 나는 '황소 인간상'이라는 긍지, 즉 언제나 말없이 꿋꿋하게 참고 끝까지 인내하면서 살아가는 인간상을 젊은 중대원들이 군 복무 기간 중에 조금이라도 느낄 수 있도록 지휘하고 있다.

다행히 우리 중대는 지난 5개월 동안 아무런 사고 없이 부여된 임무를 성공적으로 완수해 왔다. 그 비결은 힘든 훈련 속에서도 중대원 전원의 신상을 전부 외운 데 있다. 그러자 중대원 한 명 한 명의 모습이 보이기 시작하였다.

자! 현시점에서 내가 해야 할 일은 무엇인가? 이들에게 목적의식을 갖도록 생활의 변화를 찾아 주는 일이다. 어떻게 해서라도 건강하게 부모 곁으로 귀향시켜 국가 발전에 기여하도록 해야 한다. 그러면서 군 복무 동안에는 이들과 함께 적과 싸워 이겨나갈 수 있는 중대를 만들어야 한다.

1975년 12월 26일(금)

황소 축제를 사로잡은 젊은 건아들

생도시절 단합을 꾀하면서도 유쾌했던 중대 장기 자랑 대회를 거울삼아 중대 분위기를 일신하고 중대원들을 단결시키기 위한 황소 축제를 제안하였다. 이른바 분대별 장기 자랑을 겸한 연말회식이다. 연대에 요청하여 소조밴드*도 초청했는데, 젊은 건아들의 노래 솜

씨와 노는 양상이 사뭇 이채롭다. 개인별 끼가 이렇게 다재다능할 줄은 미처 몰랐다. 이런 기회를 준다는 것, 먼저 착안한다는 것은 좋은 일이다.

1976년 1월 7일(수)
새해 다짐
_____

병진년 새해가 밝았다. 올해에는 모두가 건강하고 무사고로 연대

_____
* 연대에서 소수 인원으로 구성해서 만든 밴드다.

최우수 선봉 중대를 달성해야 하겠다. 마냥 꾸중하는 지휘관이 아니라 사기를 북돋우고 칭찬하면서 밀어주는 리더십을 발휘해야 한다. 얼마나 앞에서 이끌어 주느냐는 나의 능력이다.

중대장의 덕목은 '나를 따르라'이다. 중대장이 먼저 앞장서서 솔선수범해야 한다. 강한 집념과 신념을 갖고 초지일관으로 기본 전투력부터 향상해 보자. 초연한 자세로 새해에도 알찬 중대장 근무가 되길 다짐해 본다.

1976년 2월 4일(수)

떠나는 병사에게서 보람을 느끼다

부하들에 대해 어떤 보람같은 것을 느낀다. 그들에게 군에 온 보람을 찾아줘야겠다고 생각한 것이 적중하고 있기 때문이다.

오늘도 6명의 병사가 한꺼번에 제대하였다. 사격을 잘하는 병사들이다. 아쉽지만, 떠나보내야만 한다. 그들은 지난날 60킬로미터 철야 행군 완주 경험과 중대 슬로건을 꼭 간직하겠다고 말하였다.

1976년 3월 28일(일)

조립식 콘크리트 진지를 구축하다

조국의 산천에는 봄이 오는 소리가 들리는 것 같은데, 내가 서 있는 산천에는 봄이 올 생각을 하지 않고 있다.

우리는 벌써 3주째 땅을 파고 방어 진지(벙커)를 구축하고 있다. 긴급 조립식 콘크리트 진지를 만들 때 무엇보다 중요한 것은 위치 선정이다. 잘못 선정되면 무용지물이다. 그래서 접근로를 분석하고 우선순위를 정한다. 깃발을 꽂아놓고 적의 입장에서 접근로를 선정하거나 아군의 방어적 입장에서 적의 공격을 완벽하게 저지할 수 있는 위치를 찾기 위해 대대장님과 1주일 내내 온 산천을 오르락내리락하였다.

그리고 선정된 진지 부근에 무거운 콘크리트 덩어리를 헬기로 수송하고, 우리 중대원들이 콘크리트 덩어리를 옮겨 조립하였다.

1976년 4월 30일(금)

100킬로미터 철야 행군

2개월 간의 진지 공사를 마치고 귀대하는 길은 100킬로미터 행군이다. 북괴군을 앞지르기 위해서는 최악의 실전 같은 조건으로 훈련해야 한다면서, 금년부터 행군 거리가 60킬로미터가 아닌 100킬로미터로 증가하였다. 참으로 강훈련이다.

우리 8사단의 목표는 100킬로미터 거리를 25시간 이내에 완주하는 것이다. 대대 주둔지를 지적에 두고, 진지에서 15시에 출발하여 다음 날 16시에 대대 정문에 도착하기까지 전방 부대 전선을 돌고 돌아야 한다. 그것도 완전군장을 메고 하는 전술적 행군이다.

완주 비결은 분대 건제 유지*와 협동심이다. 나는 평상시 지독하게 강조했던 분대 임무 복창을 고비마다 외치게 하여 힘을 내게 하였다. 그리고 인원 및 장비 파악을 1시간 휴식 때마다 실시하였다. 무엇보다 힘든 것은 캄캄한 밤에 찾아오는 졸음이다. 졸면서 행군하는 병사들의 모습은 처절하기 그지없다.

그런데 한참 행군 중인 밤 12시, 앞 중대에서 한 명의 병사가 낙오되어 사라졌다고 한다. 대대 행군은 일시 중단되고 수색조가 편성되어 낙오된 병사를 찾기 시작하였다. 찾고 보니 휴식 시간에 대열을 이탈하여 졸다가 잠이 들어 낙오했단다. 원인은 분대 건제 유지 미흡이었으니 결국 지휘자가 확인하여 감독하는 것이 관건이다.

---

* 　분대는 분대장을 포함해 9~10명 사이의 병사로 이루어진 최소 전투 임무 단위로서 이동 간, 전투 중, 휴식 중에도 항시 편성된 분대원(병사)으로 활동하는 것을 분대 건제 유지라 한다.

1976년 5월 2일(일)

젊음으로 극한 상황을 이겨내다

————

간만에 주둔지에서 맞는 휴일이다. 긴 야외 생활과 극한 훈련을 끝낸 다음의 휴식이라 참으로 꿀맛이었다. 그러나 육체는 피곤하다. 특히 발바닥은 부풀 대로 부풀어 모두가 절뚝거렸다.

　나도 병사들이 잠든 다음에 내무반에서 조용히 모포를 뒤집어 쓰고 잠을 청해 보았다. 그런데 잠꼬대로 끙끙대는 소리에 잠을 잘 수가 없었다. 젊음이 이 극한 상황을 이겨내고 있다. 청춘의 피가 용솟음치며 나는 고동 소리가 조국과 부모를 지키고 있었다.

1976년 6월 5일(토)

자주국방은 멀고도 긴 여정

————

모처럼 시간을 내어 간부 회식을 하였다. 이 자리에서 대대장님은 우리가 하는 전투 준비는 완전한 군사력을 갖추고 자주적인 억제 전력을 달성할 때까지 계속되어야 함을 강조하였다. 며칠 전 신문 보도와 같이 우리도 확실한 억제 전력인 핵전력을 갖춰야 하고, 국가안보 차원에서 원자력 발전소도 건설해야 한다. 이를 대통령이 강력한 의지로 준비하고 있다는 대대장의 전언이었다.

전방 일부 부대에 M16 소총이 보급되고 있다고 하나, 우리 중대의 전투력은 아직도 구식 무기인 M1 소총이다. 대통령의 자주국방은 멀고도 긴 여정이다.

1976년 7월 25일(일)
연대 선봉 중대로 선발되다
────────

전반기 연대 평가에서 선봉 중대를 쟁취하였다. 중대원들이 당연히 할 것을 하였다고 생각하는지, 아니면 노력의 대가로 여기는지는 모른다. 중요한 것은 다 함께 일치단결하여 노력한 결과라는 점이다. 흐뭇해하는 중대원들의 모습에 중대장으로서의 보람을 느낀다.

1976년 8월 7일(토)
육본 방어 진지 화력 시범을 준비하다
────────

우리 대대는 지난 주부터 육군본부 지시에 의거해 보병대대급 방어 진지 화력 시범을 준비하기 위해 이곳 영평 사격장에 주둔하고 있다. 한여름 태양이 작열하는 야지에 천막을 치고 야전 보병이 자랑하는 두더지 생활을 시작하였다. 실전처럼 방어 진지를 구축해 놓고 우리가 보유하고 있는 무기와 방어 수단으로 화력 시범을 보임으로써 북괴가 도발할 경우 현 진지에서의 격멸 가능성을 검토하는 시범사업이다. 보병대대급의 방어 계획에 따라 실제 지뢰 등 각종 장애물을 설치하고, 적의 공격 전술에 대응해 우리의 모든 가용 화력으로 적을 섬멸, 격퇴하는 방어 전투 상황을 재현한다. 영광스러운 일이나 고생이다.

1976년 8월 18일(수)
판문점 도끼 만행 사건

────────

야전 텐트 속에서 비상이 발령되었다. **판문점 공동경비구역에서 미루나무를 가지치기하던 미군 병사 2명을 북한군이 도끼로 살해한 사건이 발생**했기 때문이다. 천인공노할 만행이다. 북괴 공산주의자들의 무자비성이 그대로 드러났다. 지난 5일에는 2군단 지역 비무장지대 아군 GP에 기관총 사격으로 도발하더니 이번에는 미군을 향해 도발한 것이다.

월남 전쟁 이후 해외 주둔 미군을 철수시키는 미국의 대외 군사전략을 더욱 부채질함으로써 주한미군을 철수시키기 위한 무자비하고 의도적인 도발 책동이라고 한다. 우리 대대는 동요 없이 현 영평 사격장에서 화력 시범 준비를 계속하였다.

1976년 8월 19일(목)

데프콘-2 발령으로 복귀 명령을 받다

———

자고 일어나니 주둔지로 복귀 명령이 하달되었다. 신속하게 철수 준비를 하였다. 무언가 심상치 않다. 궁금하지만 우리는 명령에 따라야 한다. 또 60킬로미터 강행군이다. 그야말로 멀고도 먼 대한의 보병이다. 귀대하여 보니 데프콘-2 상태다. 전투 준비 태세를 갖추고 전 장병이 영 내에서 대기하라는 지시가 내려왔다.

1976년 8월 20일(금)

데프콘-1 발령으로 긴박했던 하루

———

6시 기상과 동시에 데프콘-1이 발령되고, 전투진지 점령을 위한 출발 명령이 한 시간 뒤에 하달되었다. 탄약을 개인 분배하고 전시 기본 휴대량BL, Basic Load에 맞게 무장하라는 지시다. 수많은 훈련을 하는 동안 탄약을 개봉해 휴대한 것은 이번이 처음이다.

　　긴박한 전투 상황이 발생한 모양이다. 당황한 병사들은 내무반에 갖다 놓은 밥을 먹을 생각은 하지도 못한 채 탄약 챙기기에 바빴다. 출발 시간은 다 되어 가고 밥 먹을 시간 없이 우왕좌왕하고 있는데, 중대 인사계 최○○ 상사가 노련하게 분배된 밥을 주먹밥으로

뭉쳤다. 다급한 가운데 나는 탄약 분배를 확인·감독하고, 최 상사는 출발하는 중대원의 철모에 주먹밥을 담아 주었다. 나는 최종적으로 탄약 휴대를 확인·감독한 후 정시에 전 중대원이 대대 정문을 나서도록 통솔하였다. 오늘도 우리 중대는 대대 행군 종대의 맨 후위다. 중대원들은 또 후위라고 투덜댔다.

출발 전 시간 부족으로 군장 검사를 하지 못한 관계로 나는 중대 후미에서부터 앞으로 이동하면서 군장 검사를 실시했는데, 한 병사의 M1 소총에 삽탄이 되어 있었다. 그래서 "중대 어깨 총"을 외치고 안전 검사를 하던 중 '탕!' 하고 총소리가 났다. 이때 마침 대대장 지프차가 지나갔다. 대대장은 우리 중대가 안전 검사를 하고 M1 소총에 삽탄된 탄창을 제거하는 것을 보고 전 대대에 동일하게 하라고 지시하였고, 우리 중대가 선견지명이 있다고 칭찬하였다.

갖고 있는 실탄만 챙기라고 했더니 어느 병사는 수류탄을 2기수*나 휴대하였다. 평시 훈련 때에는 군장 휴대품을 가능한 가볍게 하려 했던 병사들이 스스로 실탄을 많이 챙기는 모습을 보니 안심이 된다.

8월 한더위의 기승이 아침부터 심상치 않다. 휴식 시간이 되자 나는 전 중대원에게 주먹밥을 먹게 하였다. 일부 병사들은 긴장한 탓인지 밥맛이 없다고 한다. 그래도 먹어야 한다. 억지로 먹게 하는

---

*　기수는 수류탄 단위로, 1기수는 수류탄 2발이다.

중대장의 강요와 독선이 미운 표정이다. 하지만 지휘관은 이들을 보호해야 한다.

한낮에 43번 국도를 따라 행군하는 대열 속에서 6·25 전쟁을 생각해 보았다. 대낮에 큰 대로를 따라 행군하는 노출된 상태에서 과연 진지 투입이 가능한지 반문해 본다. 그러나 지금은 방법이 없다. 명령을 따를 수밖에…….

출발 후 3시간이 지나자 지치기 시작하였다. 전선에 긴박한 상황은 없어 보인다. 조금 전까지 애지중지하던 실탄과 수류탄이 이제는 무거워 애물단지인 모양이다. 전개되는 전투 상황에 따라 지휘관의 기지가 필요한데, 지금이 그 상황이다. 그래서 선임 하사관에게 지시하여 행군 종대 양쪽에서 판초우의를 펴놓고 개인 휴대량보다 초과 휴대한 탄약을 회수하였다. 그리고 다시 한번 삽탄된 탄창을 확인하게 하였다.

전투진지에도 밤이 찾아왔다. 캄캄하고 적막한 밤에 풀벌레 소리만 나던 중 어디선가 총소리가 들린다. 깜짝 놀라 대대로 확인해 보았으나 적정敵情 상황은 아니라고 한다. 다행이다. 수많은 진지 점령 훈련을 해왔으나 오늘 같은 상황은 처음인지라 스스로도 긴장이 되었다. 그리고 우리 대대는 20여 일간의 야외 생활에 60킬로미터를 행군하여 복귀한 다음 날 바로 진지 투입했으니 그야말로 최악의 조건이다.

긴박했던 하루가 지나가고 있었다. 대대로부터 조금 전 총소리는 인접 부대에서 발생한 총기 오발이라는 소식이 들려왔다. 이 사고로 한 명의 병사가 다쳤단다. 적과 싸워 이기기 위해서는 병사들의 전장 군기가 먼저 확립되어야 한다.

1976년 8월 21일(토)
전투진지에서 밤을 보내고 귀대하다

———

날이 밝아 전투식량으로 아침 식사를 하고 나니 10시에 철수 명령이 하달되었다. 철수 시에는 안전을 고려하여 탄약을 회수한 후 차량으로 운반해야 한다. 상황은 종료되었지만 분배된 탄약을 100퍼센트 회수하는 일이 남았다. 분배된 탄약을 실셈하고 회수하기 위해 무려 2시간이나 늦게 철수하였다.

귀대하는 행군은 정말 힘들었다. 8월의 한낮 더위는 더욱 우리를 지치게 하였다. 나는 메가폰으로 하나! 둘! 구호를 외치면서 병사들의 발걸음을 재촉해 무사히 복귀하였다. 실제 전투에서의 탄약 관리를 어떻게 해결할 것인지 깊이 생각할 수 있었던 시간이었다. 실전과 같은 훈련, 그리고 탄약 100퍼센트 회수와 안전 문제가 늘 고민이다.

지친 몸으로 대대 결산 회의에 참석하였다. 한미 합동으로 문제가 된 미루나무를 오늘 7시에 전격적으로 절단하는 작전을 감행했단다. 미군 7함대가 동해에 출동한 것을 포함해 모든 부대가 전투준비를 한 상태에서 보복 작전을 개시하였다고 한다. 이제야 6·25 전쟁 이후 처음으로 BL 탄약 박스를 개봉하고 전투진지를 점령한 상황이 파악되었다.

역사적으로 전쟁 발발은 작은 사건에서 시작된다고 하지만, 확전되지 않고 도끼 만행 사건이 발생한 지 3일 만에 신속하게 미루나무 절단 작전을 감행한 것은 최선의 대응책이었다고 한다.

1976년 8월 22일(일)

주어진 임무 그 자체에 미치자

———

비상상황도 해제되고 모처럼 맞는 휴일이다. 그러나 나는 중대장실에서 대기해야 한다. 지휘관은 정위치 하라는 지시다. 계속되는 긴장과 무거운 책임, 군인의 길, 보병의 길……

빡빡하게 살아온 야전 보병대대급 지휘관 생활에서 얻는 것은 무엇일까? 조국을 지켜야 한다는 의무감과 자긍심, 부귀영화, 먼 훗날의 명예! 아니다. 눈앞에 보이는 주어진 임무와 중대원들의 안전이다!

나는 주어진 임무 그 자체에 미쳐야 한다. 일이 있음에 즐겁고 충성할 수 있는 상관과 부하가 있어 좋다. 긴 안목을 갖고 나 자신에도 미치자. 그래서 보다 더 건강한 자신을 갖자. 그렇지 않고서는 분단된 조국의 현실을 이해할 수 없고, 살아갈 수 없다. 중대원들이 이 고행에서 얻는 것이 있도록 '나도 하면 된다'는 황소 인간상을 심어줘야 한다.

1976년 9월 23일(목)
전군 화력 시범이 남긴 것

오늘 우리 대대는 육군 참모총장을 비롯한 전군의 주요 지휘관의 임석 하에 대대급의 전투방어 진지에서의 화력 시범을 성공적으로 실시하였다.

　　준비하는 과정은 고되고 힘들었지만, 그 결과는 달았다. 평생 군인으로 살아야 하는, 특히 월남전에 참여하지 못한 내게는 실전을 경험하는 좋은 기회였다. 중대 병사들도 군 복무 중에 실전과 같은 화력 사격을 경험한 것을 큰 영광으로 생각하고 자신감을 갖게 되었다고 자랑이 대단하였다.

　　우리 대대는 작전 계획과 전투 교범에 있는 그대로, 방어 진지 상에 각종 장애물과 화력 계획을 구축해 놓고 전투 시나리오대로 공군 전투기를 포함한 모든 가용 화기의 화력을 지원 받아 실전과 같은 훈련을 하였다. 우리가 맡고 있는 축선은 6·25 전쟁 때 북괴군이 전차를 앞세우고 43번 도로를 따라 진격한 철원 축선으로 수도 서울을 집중 공격한 적의 주요 접근로다. 전시에도 화력과 전투 수단이 집중된다면 충분히 적의 공격을 현 진지에서 초전박살낼 수 있다고 자위해 본다.

　　그러나 문제는 가용 자원, 돈, 국력이다. 대통령의 통치 이념인 부국강병富國强兵을 실감하였다.

1976년 10월 17일(일)
모범 중대장 재구상 수상
————

어제는 중대장 근무 15개월 동안 노력의 대가로 제8사단의 중대장

대표로 선발되어 1976년도 모범 중대장 재구상*을 받으러 오랜만에 모교인 육군사관학교를 찾았다.

나는 학교장인 정승화 중장이 대신 수여한 육군 참모총장 상장과 기념 메달을 받았다. 이때 처음 학교장의 얼굴을 뵈었는데, 인자한 분 같았다. 사실 이때 장군의 성함도 처음 들었다.

1976년 10월 24일(일)
100킬로미터 행군 훈련을 독려하다

————

지난주에는 사단의 수색대대를 포함한 전 보병대대가 참여하는 100킬로미터 행군대회가 있었다. 목표는 잠을 자지 않고 25시간 내 주파하는 것이다. 그러나 우승하기 위해서는 적어도 20시간 이내에 완주해야 한다.

완전무장한 상태에서의 행군인지라 사단 참모들로 편성된 심판관이 출발 전부터 완전군장을 검사하고 행군 도중에 인원 및 장비를 수시로 확인하였다. 그야말로 경쟁이 치열한 대대 전투력 측정의 한판이었다.

출발 전 중대원들에게 우리 사단은 유사시 적의 공격을 격퇴하

———

* 고 강재구 중대장의 위업을 기리기 위한 상이다.

기 위해 전선에도 즉각 투입해야 하는 예비사단이므로 행군 능력이 필수적인 전투력이라고 정신 교육을 시켰다. 그러나 반응은 싸늘하였다. 나는 다시 개인 목표를 제시하였다. "평생에 언제 다시 100킬로미터 행군을 해보겠어? 이번 기회에 자신의 한계 체력과 인내심을 측정해 보자"고 독려하였다.

다행히 한층 사기가 충만해졌다. 그러나 문제는 60킬로미터 이상의 장거리 행군을 경험하지 못한 신병들이다. 역시 나의 비결은 분대 건제 유지다. 병사가 힘들어할 때 장비나 군장은 분대 내에서 협조함으로써 철저히 책임제 행군할 것을 지시하고 확인 및 통제하였다. 그러나 신병들의 공포는 쉽게 사라지지 않았다. 나는 이들의 이름과 위치를 파악하고 행군 내내 앞뒤로 다니면서 이름을 부르면서 격려하였다.

이번 행군은 잠을 자지 않고 연속적으로 하는 만큼 핵심은 졸음 방지와 다리에 오는 통증 방지다. 힘든 병사에게는 사탕과 진통제를 먹게 하면서 계속 군가와 구호를 외치게 하였다. 대대별 경쟁이라 실제 전투와 같이 시간과의 싸움이다. 전술 행군은 시간당 4킬로미터이지만, 지금은 5킬로미터 이상이어야 한다. 나 또한 졸음이 쏟아졌지만, 이를 극복하기 위해 먼저 구호를 외쳤다. 그야말로 나 자신이 미쳐야만 견딜 수 있다.

앞에서부터 "10분간 휴식!"이라는 구호를 외쳤다. 군장을 멘 채 뒤로 앉으려다 보니 반합, 총, 철모가 부딪히면서 쇠붙이 소리가 요란하게 났다. 하지만 나는 쉴 수 없다. 군장을 벗어놓고 쉬는 병사들을 향해 "분대 건제 유지!"를 외쳤다. 대열을 이탈해 휴식을 취하다가 낙오하면서 무의적 탈영으로 이어지는 사례가 종종 발생하였기 때문이다. 어떻게든 순간의 고통을 다 함께 공유해야 한다. 서로가 서로에게 관심을 갖게 하는 방식이다.

10월의 밤은 다소 찬기가 있지만, 우리 행군 대열의 열기는 하늘을 치솟았다. 그런데 '투다닥!' 하는 소리가 들린다. 졸다가 길 옆 도랑으로 넘어지는 소리다. 적과의 싸움이 아니라 졸음과의 싸움이다.

날이 밝았다. 대대 작전장교는 행군 시간을 더 단축해야 한다며 식사시간도 단축하였다. 우리 중대는 후미라서 밥을 먹는 도중에 출발하였다. 할 수 없이 반합을 들고 행군하면서 밥을 먹었다. 대열에서 떨어지면 더욱더 힘이 든다. 지금은 인간 이하의 대접이라고 어느 고참 병장이 투덜댄다. 그렇다. 적의 도발을 사전에 방지하려면 김신조 부대를 초월하는 행군 능력을 구비해야 한다. 생도 시절의 구호였던 "신조 때문에!"가 튀어나온다. 그렇지만 지금 나는 초급 지휘관인 중대장이다.

20시간 이내에 주파하기 위해 혼신의 노력을 기울인 결과, 19시간 30분 만에 최종 목표 지점에 도착하였다. 상황 종료다. 주둔지를 불과 4킬로미터 앞둔 지점에서 중대별 복귀 명령이 떨어졌다. 불현듯 동복 유격훈련 시 1,000리를 행군하고 상황 종료 후 복귀했을 때 긴장이 풀려 힘들었던 순간이 생각났다. 전시 상황에서 격렬한 전투 후의 지리멸렬한 모습도 떠오른다.

　　나는 앞 중대가 쉬고 있는 것을 뒤로 하고 중대원들을 계속 독려하여 1시간 만에 주둔지로 복귀하였다. 다른 중대는 쉬는 바람에 무려 3시간이나 더 소요되었다.

1976년 10월 31일(일)
야전의 군 생활과 계절의 앙상블
————

깊어 가는 가을, 야외 생활은 덥지도 춥지도 않다. 젊은 날의 고생은 사서도 한다지 않는가! 그러나 그들은 주어진 시간을 기다린다. 시간의 흐름 속에 풍요한 결실, 나에게 맡겨진 모든 임무가 성공적으로 완수되었다. 육군 화력 시범, ATT, BCT, RCT, 100킬로미터 행군 훈련 등등…….

　　참으로 오래간만에 중대장실의 책상이 아닌 나의 책상 앞에 앉아 지난 일들을 회고하며 명상에 잠겨본다. 이 순간 현실의 부담감도 없이 글을 쓰고 있다.

　　어제는 아직 10월임에도 첫눈이 내렸다. 아름다운 단풍의 계절을 잊고 중대원들과 산으로 들로 오르내리며 첫눈을 맞이하였다. 조용히 마무리 짓고 결실을 다지는 시간이다. 아름답게 맺은 결실을 더욱 돋보이게 하고, 더욱 빛나게 하여 유종의 미를 거둠으로써

그동안 21연대에 바쳤던 젊음과 정열이 헛수고가 되지 않도록 해야
하겠다.

1976년 11월 7일(일)
강한 훈련의 부작용에 대한 생각
————

엊그제에는 다른 부대에 탈영병이 발생하였다. 그것도 수도 서울
한복판에서 인질을 붙잡은 채 난동 끝에 수류탄으로 자폭하였다.
대단히 심각한 망신이다. 어쩌면 자유 월남 패망 후 북괴 도발을 억
제하기 위해 각 부대별로 강한 훈련을 시킨 결과인지도 모른다. 또
사건 사례를 정신 교육하라는 지시가 내려왔다.

강한 훈련과 사고는 어느 정도의 상관관계가 있을까? 우리 사
단의 통계를 보아 안전사고는 줄어든 것이 분명해 보인다. 그러나
훈련 공포증으로 휴가 미귀 사건이 많다. 특히 강한 훈련을 앞두었
을 때는 더 많아진다. 병사들의 휴가 미귀에 대한 책임은 지휘관에
게 있으며, 이를 지휘관 평가에도 반영하겠다고 한다.

그래서 예방 대책도 다양하다. 분대 단위 건제 유지한 상태에
서 분대를 전부 휴가 보내는 방법, 같은 고향끼리 모아서 휴가를 가
고 같이 귀대하는 책임제 휴가까지 별의별 방안이 총동원되었다.
어떤 중대는 간부가 데리려 집까지 찾아가기도 한다. 우리 중대 또

한 예외는 아니다. 그래서 중대원 중 전화가 있는 집이 극소수라서 휴가를 보내놓고 부모와 병사에게 편지를 쓰기도 하였다. 늘 휴가 복귀하는 날은 긴장해야 한다.

이러한 풍토는 지휘관만의 책임일까? 징병제의 국가이자 남북 분단의 총력 안보 태세를 갖추어야 하는 우리의 현실을 직시할 때 가정과 사회, 그리고 국가 모두의 책임이어야 한다. 그렇지만 눈앞의 현실은 중대장 책임이다. 이들을 범법자로 만들지 않고 건강한 몸으로 귀향시키는 책무와 강한 훈련을 시켜야 하는 책무는 늘 상관관계이면서도 이율배반적이다. 16개월 동안 이들에게 올인한 결과, 개인의 인생 진로 목표가 보이는 병사는 문제가 없다. 미래가 보이지 않는 병사가 늘 문제다.

그래서 군대에서도 이들에게 미래의 꿈을 갖게 해주는 대책이 필요하다. 마냥 훈련만 시키고 부려만 먹는 의무 복무 징병제도는 재고할 필요가 있다. 단기 복무 병사들이 귀향할 때 줄 수 있는 나의 선물은 '나도 할 수 있다', '나도 하면 된다'는 자신감뿐이다.

1976년 12월 4일(토)
간식 문제가 화상 사고로 이어지다

———

늘 역지사지의 입장에서 위와 아래를 보면서 부대 근무를 하라고

한다. 그래서 오늘은 중대장이 아닌 야간 대대장 입장이다. 대대장
님은 각 중대 일직사관을 불러 놓고 안전사고 예방을 당부하였다.
그런데 밤 23시에 화상을 입는 사고가 발생하였다. 라면을 반합에
넣고 페치카의 강한 불에 넣었다가 뚜껑을 여는 순간에 폭발한 것
이다. 다행히 손에만 경상을 입었다.

　18시, 혈기와 식욕이 왕성한 젊은이들은 정량 급식만으로는 견
딜 수 없다. 딱딱한 건빵이 간식으로 지급되지만, 이 또한 태부족이
다. 이때 먹는 라면 맛은 일품이다. 나는 근무병이 끓인 라면을 아
무 저항 없이 먹었던 지난날이 창피하고 부끄러웠다. 지휘관으로서
안전한 취사 시설에서 야식을 만들어 먹을 수 있도록 공론화하지
못한 현실이 아쉬울 뿐이다. 그런데 경제 발전으로 식량 자급자족
이 가능해졌다. 정량 급식, 자유 배식에 이어 금년에는 1식 3찬 제
도가 도입되면서 반찬이 양에서 질로 달라지기도 하였다.

　새벽 4시에 일어나 취사장으로 갔다. 추운 날씨에 취사병의
고생도 이만저만이 아니다. 정량 투입에 반찬 조리도 살펴보았다.
70:30 백미와 암맥 혼합 비율이 조금은 주먹구구식이다. 하지만 5
년 전 소대장 시절에 비하면 월등히 향상되었다. 국력의 신장이 피
부로 느껴졌다.

　급식 양을 감독할 겸 사병 식당에서 먹는 밥맛이 꿀맛이다. 문
제는 배식 시간이다. 식당이 좁아 3교대를 해야 한다. 식으면 병사들
의 투정대로 짬밥이 된다. 병영 생활을 위한 복지는 끝이 없다. 그러

나 지휘관은 주어진 여건에서 그때그때 꾸려 나가는 임기응변의 술術이 필요하다. 오늘 사건은 늘 먹는 문제로 대대 취사반장을 불평했던 내 자신을 대대장 입장에서 되돌아보는 계기가 되었다.

1976년 12월 15일(수)
조국의 발전상에 대한 정신 교육을 하다

정부의 경제 발전 성과를 바탕으로 조국의 발전상에 대해 정훈 자료에 의거해 중대장이 직접 정신 교육을 시키라는 명령이 내려왔다.

1964년 11월 30일 우리나라의 수출은 1억 달러를 돌파하였다. 이를 기념해 '수출의 날'로 지정한 지 12년 만인 올해 80억 달러를 돌파했으니 무려 80배 증가로 전 세계 수출 증가율 1위를 달성하였다.

그동안 국민적 성원으로 새마을사업을 전개하여 국력을 하나로 모아 농수산물과 경공업 제품 위주의 보따리장수로부터 시작해 컨테이너 수출로 발전하였다. 특히 금년에는 중화학 제품이 전체 수출의 32.4퍼센트로 향상돼 내년에는 100억 달러 수출도 무난하다고 한다. 한마디로 잘살 수 있는 터전을 마련하고 '하면 된다'는 국민적 자신감을 갖게 되었으며, 이 모든 것이 날로 고조되는 북괴의 도발 위협을 사전에 예방했기 때문이란다.

우리가 지난 1년 동안 준비한 전투 준비 태세 완비가 경제성장

의 바람막이가 된 셈이다. 그렇지만 중대원들의 체감온도는 여전히
미미하였다.

1976년 12월 29일(수)
초급장교 근무 5년과 20만 원
————

내일이면 정들었던 6중대와 초임장교의 젊은 청춘을 불살랐던 제8
사단 21연대를 떠난다. 지난 5년의 야전 생활이 꿈만 같다. 최초 21
연대 3대대에서 소대장으로 시작하여 4대대 창설 요원으로, 연대
본부에서 군수장교로, 1대대에서 작전장교로, 마지막 2대대에서
중대장으로 끝을 맺게 되었다. 큰 과오 없이 직업군인으로서의 기
반을 닦은 셈이다. 그리고 훌륭한 상관과 좋은 부하를 만난 것이 크
나큰 복이다. 만나고 헤어지는 것이 인간사라고 하지만, 지금 이 순
간만큼은 홀가분하다.

　　중대 인사계 최 상사가 떠날 보따리를 챙겨준다. 한 개의 따블
백이다. 그 외에 흑백 TV 한 대가 있다. 올해부터 떠나는 중대장에
게 주어지는 면세품으로써 구하기 힘들다고 한다. 그리고 그동안
강제로 저축한 20만 원의 현금도 내 손에 쥐어졌다. 대위 월급 8만
원을 호주머니에 넣어놓고 쓰다가 모자라면 모나미 볼펜으로 외상
사인을 했던 내 경제생활에 20만 원의 현금은 꽤 큰 돈이었다. 그런

데 느닷없이 최 상사는 총각이라 헛되게 쓸 우려가 있으니, 그 돈을 낭유리 중대 진지 앞의 산정호수 야지에 묻어 두고 가라고 하였다. 이곳에 정착하는 그에게는 투자가치가 있을지 모르겠지만, 나는 어떻게 될지 모르는 떠돌이 인생이다.

1976년 12월 30일(목)
첫 후방 지역으로 가다
————

"단결! 신고합니다. 보병학교로 전출을 명 받았습니다." 민○○ 연대장께 이임 신고하고 돌아와 조○○ 대대장 주관 하에 이취임식을 하였다. 정든 중대원들과 이별해야 하는 시간이다.

　중대원들의 헹가래 속에 보람과 아쉬움을 뒤로하고 내일을 향해 나는 떠나야 한다. 소위 부임할 때의 따블백과 전투복 차림 그대로다. 단지 계급장만 대위로 바뀌었다. 난 또 스스로 혼자만의 길을 찾아 나섰다. 또 다른 미지의 만남을 위해⋯⋯.

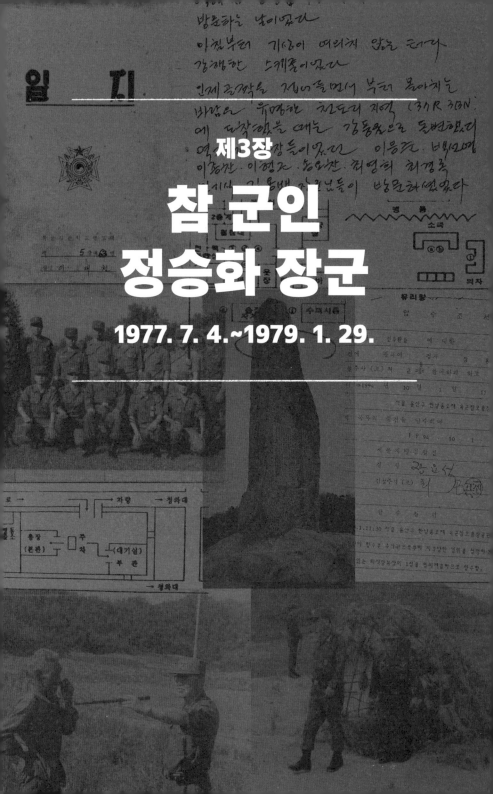

제3장

참 군인
정승화 장군

1977. 7. 4.~1979. 1. 29.

운명의 전속부관 임무를 시작하다

1977년 7월 4일(월)

학교장에게 전입 신고

———

육군사관학교 정승화 학교장을 향해 경례를 하며 전입 신고를 하였다. 작년 10월 육군사관학교에서 재구상을 수상할 때 처음 뵙고, 두 번째 마주하는 순간이었다. 야전에서 수차례 브리핑하면서 사단장, 군단장, 군사령관, 참모총장을 뵌 적이 있지만 학교장의 첫인상은 특별하였다. 온유하면서도 지적인, 그야말로 대학 총장처럼 인자해 보였다.

1977년 8월 9일(화)

결혼 계획을 이유로 전속부관 직책 사양

———

학교 비서실장 이〇〇 선배가 호출하더니 교장 전속부관을 해보는 것은 어떠하냐고 물었다. 야전에서도 사단장, 군단장 전속부관을 두 번씩이나 거절한 적이 있었기에 두말하지 않고 사양하였다. 이유는 올해 결혼해서 가정을 꾸리고 싶기 때문이다.

저녁에는 현재 교장의 전속부관인 엄항석 동기와 술잔을 기울이며 이야기를 나누었다. 그 결과, 사양하리라는 결심을 굳혔다.

1977년 8월 19일(금)
두 번의 사양 끝에 결국 임무 수용
————

두 번씩이나 전속부관 직책을 사양했지만, 비서실장이 전속부관을 하더라도 언제든지 결혼할 수 있다고 설득해서 심사숙고 끝에 임무를 맡기로 결심하였다.

전속부관이라 하더라도 항시 교장을 수행하거나 공관에 대기하지 않아도 된다고 한다. 또한 내가 대위 때의 핵심 보직인 중대장 근무를 마친 상태라 어떤 보직도 무관하다고 한다. 이 길도 군인의 길 중 일부리라…….

1977년 8월 22일(월)
정승화 학교장 전속부관으로 신고

———————

전임자 엄항석 대위와 상세하게 업무 인수인계를 하였다. 참모장 김
○○ 준장, 생도대장 장○○ 준장, 교수부장 김○○ 준장에게도 인
사를 하였다. 야전에서는 브리핑할 때만 멀리서 보아 왔던 장군들
을 가까이서 모시게 되었다. 저녁에는 공관에서 열린 엄항석 대위
송별 식사 자리에 참석하였다. 교장님과 교장 사모님도 함께 식사하
였다.

두려움이 앞선다. 부여된 임무를 수행하는 행동파인 내가 상
류 군사회의 예의범절과 상식에 맞춰 살아야 한다. 더구나 절도 있
는 보행 등 외적 자세를 체화하고 부하 통솔에만 전념해 왔던 지난
5년간의 야전 생활과는 분위기가 완전히 다르다. 바야흐로 내 스타
일과 격에 버거운 운명의 전속부관 생활이 시작되었다.

1977년 8월 23일(화)
쾌청한 아침, 첫 수행이다!

———————

첫 임무로 공관 앞에 차량을 대기하였으나 교장님은 도보로 가자
고 하였다. 생도 때 배운 대로 상급자 좌측 1보 뒤에서 따라 걸었다.
나지막한 산언덕에 있는 공관에서 출발해 내리막길 따라 고대관
옆길을 지나 화랑 연병장을 끼고 좌측 아스팔트 길을 걸어 학교 본

부에 이르는 약 1킬로미터 거리다. 생도 시절 감히 가까이할 수 없었던 교장님을 모시고 늘 긴장 속에 생활했던 화랑 연병장을 내려다보며 첫 수행이 시작되었다.

'내 생명 조국을 위해'라는 기념탑을 지날 무렵 학교장님이 "이 대위는 생도 시절 가장 인상에 남는 학교 시설물이 무엇이냐?"라고 물었다. 갑작스러웠지만 바로 '화랑 연병장'이라고 대답하였다. 어떤 이유에서냐는 물음에, 나는 서슴없이 "화랑 연병장이 저희를 항상 긴장하게 했고 수없이 인내심을 테스트한 곳이기 때문입니다"라고 답하였다.

그랬더니 '내 생명 조국을 위해' 기념탑을 건립한 배경을 설명하였다. 사관생도에게 명예와 희생정신을 생명으로 하는 참다운 군인이 되는 품성을 기르게 하기 위함이라고 하였다. 즉 인성교육의 지표로 삼기 위해 이 기념탑을 세운 것이다.

1977년 8월 24일(수)
'내 생명 조국을 위해' 기념탑에 담긴 뜻

———

교장님은 오늘도 출근길에 기념탑에 담긴 의미를 되새겨야 한다고 하였다. 박정희 대통령의 혁명에 대한 깊은 뜻이 담긴 글귀가 '정도正道'임을 특별히 강조하였다. 여기서 정도는 자유민주주의와 시장 경제 체제를 말한다. 그 뜻을 이해하고자 기념탑에 적힌 건립문의 내용을 일기에 적었다.

　'좌우 이념 대결의 혼란한 해방정국 상황과 6·25 전쟁을 통해 공산주의자의 비인간적인 만행과 허구성을

경험한 수많은 애국 군인이 목숨같이 지켜온 정도를 가슴에 품고 조국을 수호해야 한다.' 이것이 사생관이자 국가관이다.

'군인은 개인의 영달을 위해 정치를 해서는 안 된다. 그러나 우리가 대한민국 건국 시 선택한 인류의 보편적 가치인 자유민주주의 체제를 지키기 위해서 대통령은 온몸을 바쳐 반공을 국시로 삼고 잘사는 나라를 만들고자 품었던 5·16의 충절을 실천에 옮기고 있다.'

이 가치를 지키기 위해 대통령은 '내 생명 조국을 위해'라는 휘호를 직접 쓰고, 1977년 3월 29일 육사 졸업식 날에 기념탑을 준공하였다.

1977년 9월 6일(화)
사관학교 출신 장교를 특별 채용하는 이유

───────

오늘은 육사 행정연수원에서 열심히 공부하던 선배들이 1차 행정고시를 보는 날이다. 육·해·공군사관학교를 졸업하고 5년이 지난 장교를 일반 행정 공무원으로 특별 채용하는 제도에 의한 것이다. 이 제도는 정승화 교장이 박 대통령에게 "유능한 인재가 사관학교에 많이 지원하게 하는 한편, 국방 및 군사적인 지식을 국가 정책에 반영하는 일석이조의 효과를 올릴 수 있다"며 직접 제안하였다. 또한 민관군 통합 방위 체제 구축을 위한 전도사 역할을 할 것이라고도 하였다.

육사 교장으로 3년째 복무한 정승화 교장과 박정희 대통령이 나라 사랑에 대한 진한 교감을 나누었음을 느낄 수 있었다.

1977년 9월 9일(금)

상급생이 하급생을 지도하는 규정에 대한 생각

———

도보 도중 교장님은 "모든 상급생은 모든 하급생을 지도할 수 있다'는 규정에 대해 어떻게 생각하느냐?"고 질문하였다. 나는 1학년 때는 모순이 있다고 생각했지만, 2학년이 되면서 생각이 달라졌다고 답하였다. 또한 생도 자치 근무 제도를 통해 리더십을 키우고 타인에게 관심을 기울이면 공동체가 추구하는 가치를 실천할 수 있다는 평소의 생각을 말하였다.

교장님은 "너희 4년제 정규 출신 장교들은 전부 똑같은 생각을 하는구나!"라고 하면서 사고의 변화를 주문하였다.

1977년 9월 10일(토)

사선을 함께 넘은 치악회 회원들

———

가을이 오는 토요일 오후, 전속부관으로 근무한 뒤 첫 가든파티가 공관 야외 잔디밭에서 열렸다. 특별히 '치악회' 회원을 초청하였다. 치악회는 교장님이 지옥의 6·25 전선에서 가장 오랫동안 탄우彈雨를 누볐던 전우들과의 우의를 간직하는 한편 호국의 길을 함께하고자 만든 모임이다.

　회원들은 6사단 소속의 8연대*로서 6·25 전쟁 발발 이틀 전까지 강원도 인제에서 38선 경비 임무를 수행하다가, 수도사단으로 소속이 변경되면서 서울로 이동하자마자 전쟁이 터졌다고 한다. 1950년 7월 24일 8연대가 대구에서 1개 대대로 축소되어 재편되면서 수도사단 18연대의 3대대로 편입되었다. 교장님은 3대대장으로서 북진과 1·4 후퇴 작전을 지휘한 뒤 18연대 부연대장을 지냈다. 따라서 치악회 회원들은 1953년 7월 27일 휴전 9개월 전까지 3년 내내 8연대와 18연대에서 생사고락을 함께한 전우다.

　재미있는 것은 치악회에는 1950년 10월 함경남도 함흥까지 북진했을 때 만났던 세 명의 여고생도 특별회원 자격으로 함께한다는 점이다. 22명의 정회원과 세 명의 준회원 중 오늘은 18명이 참석하였다. 파티 내내 6·25 전투 이야기다. 온유한 성품의 교장님이 6·25 전쟁 최전선에서 민첩하고 용감하게 전투하였다는 활약상을 들을 수 있었다.

* 정승화 교장은 당시 2대대장이었다.

1977년 9월 19일(월)

막내의 육사 신입생 지원에 감격

———

오늘도 교장님과 도보로 출근하는데, 무척 기분이 좋아 보였다. "이 대위는 몇 년도에 육사 응시 시험을 보았느냐?"라고 물어봤다. 1967 년에 응시하였다고 하자, 막내인 이열이가 78학년도 육사 신입생 모집에 원서를 냈다고 자랑하였다.

연초부터 전국 고교 교장을 초청하여 우수 학생이 육사에 응시하도록 홍보 활동을 했으면서도 교장으로서 모범을 보이지 못했다고 생각했는데, 막내가 도전한다니 감격스러운 모양이다. 사회 지도층이 나서서 상무 정신을 솔선수범해야 하는 시점에 대통령 아들이 모범을 보여서 큰 힘이 된다고 덧붙였다.

1977년 9월 27일(화)

지만 생도가 먹골배를 사서 택시 타고 청와대로 가다

———

추석날 생도들의 외출이 허락되었다. 2초소에서 대통령 아들 박지만 생도가 나오기를 기다리던 경호원이 그를 놓쳐 한참 동안 소동이 벌어졌다. 이 소동은 몇 시간 뒤, 지만 생도가 태릉의 먹골배 한 상자를 사 들고 택시를 타고 청와대에 도착함으로써 종료되었다.

후에 들은 이야기로는 대통령은 이 사실을 보고 받고 무척 기뻐했단다. 사관생도로서 평범하게 살아가고 싶은 지만 생도의 일면을 보는 듯해 가슴 뭉클하였다.

1977년 10월 4일(화)
정의는 멀고 주먹은 가깝다
———

9월 하순이면 언제나 삼군 사관학교 체육대회가 열린다. 대회 첫날 교장님을 모시고 동대문운동장 본부석에 앉아 육사와 공사 간의 럭비 경기를 관람하였다. 하지만 심판의 판정이 눈에 띨 정도로 공사에게 유리해서 응원하는 내내 몹시 화가 나고 흥분되었다.

그런데 갑자기 불미스러운 사건이 발생하였다. 전반전이 끝나고 공수 베레모를 쓴 특전장교가 심판관을 한 방 먹이고는 보란 듯이 본부석 쪽으로 당당히 걸어 나왔다. 사건의 장본인은 나의 생도 시절에 육사 럭비 코치였고, 8사단 21연대 군수장교 근무 시절에는 연대 작전 주임이었던 김○○ 중령이었다. 그 순간 0공수여단장인 노○○ 준장도 일어나 교장님에게 오심한 심판을 혼내주겠다며 본부석 아래 선수 대기실로 내려갔다.

사태가 수습된 뒤 경기가 재개되었다. 경기는 결국 공사의 승이었다. 돌아오는 차 안에서 교장님은 주먹을 쓴 공수부대 장교를 심하게 꾸중하면서도, 럭비 규정은 잘 모르지만 심판이 너무 편파적이었다고 말하였다. 불의를 벌해야 하는 정의의 목적을 위해서라도 '주먹'이라는 부당한 수단은 결코 정당화될 수 없음을 또 한 번 경험하는 순간이었다. 정말 어려운 삶의 아이러니다.

1977년 10월 12일(수)
퇴교 심의 대상에 오른 생도가 잊은 것
————

3학년 생도 두 명이 시험 중 부정행위와 외출 중 흡연으로 퇴교 심의에 올랐다. 매 기마다 연례적으로 발생하는 사건이다. 그럼에도 입교한 지 3년 10개월이라는 시간이 지난 시점에서 이런 일을 벌인 이유를 나의 경험으로 되돌아봤다.

 3학년이면 금연, 금주, 금혼 등 삼금의 제약이 체득되어 신념화되는 시기이기도 하지만, 한편으로는 자만해질 수 있는 위험이 도사리는 때다. 그러니 꿈 많고 청춘의 피가 용솟음치는 젊은이에게 긴 시간 인고를 강요하는 사관학교의 인성교육은 계속되어야 한다. 살아남은 자만이 앞으로 펼쳐질 인생행로에서 옳은 일을 바르게 하는 훌륭한 호국의 간성이 될 수 있다.

 일일 시험이 점수 자체보다는 순간적인 욕심을 버리는 결단력을 키울 수 있는 훈련이라는 사실을 그 생도는 깜박 잊었던 모양이다. 생도 개인에게는 안타깝고 아쉬운 순간이다.

1977년 10월 23일(일)
대통령의 불시 방문

———————

대통령 경호 차량이 정문을 통과하였다는 보고가 있자마자 즉시 사가에 나가 있는 교장님에게 연락하였다. 학교 상황실에 확인한 결과, 대통령은 학교 본부 앞에 지만 생도를 내려주고 바로 돌아갔단다. 경호실에서 사전에 대통령 방문을 귀띔이라도 해줬으면 하는 아쉬움이 남았다. 교장님도 일전에 차지철 경호실장에게 부탁한 바 있다고 하였다.

　대통령이지만 한 자식의 아비로서의 심정은 여느 촌부나 똑같은 모양이다. 생도 시절 첫 휴가를 마치고 귀대할 때 어머니께서 경주 시내까지 버스로 동행해 배웅하였던 생각이 났다. 영부인의 몫까지 아비가 해야 하는 조국의 현실과 더불어 보편적인 아비의 사랑을 보는 듯하여 눈시울이 붉어졌다.

　나는 오늘도 상황 근무를 하였다.

1977년 10월 31일(월)
행정연수원생 전역식
————

제1기 행정연수원 학생 중 106명이 행정고시에 최종 합격하여 새로운 길을 향한 전역식을 하였다. 전역식에서 교장님은 "사관학교 출신 장교가 공무원으로 진출하는 첫 제도의 혜택을 받아 부임하므로 개척자의 정신으로 불의와 타협하지 말고 옳은 일을 늘 바르게 처리하여 국민으로부터 신뢰받은 충복忠僕이 되라"고 하였다.

1977년 12월 24일(토)
전속부관의 숙명
————

어제 오후 갑자기 교장님이 제1야전군사령관으로 전보 명령을 받았다. 이○○ 비서실장이 내게 서둘러 짐을 꾸리고 교장을 동행 수행하라고 독촉하였다. 순간 전속부관을 하더라도 결혼할 수 있다고 약속했던 이 비서실장의 말이 떠올랐다. 하지만 이 비서실장은 끝내 그 부분에 대해서는 어떤 말도 하지 않았다. 전방 생활 5년 만에 어렵게, 그것도 모교에서 얻은 후방 근무가 6개월 만에 날아가고 야전 군인이라는 외길로 들어서게 되었다.

11시 생도대의 퍼레이드와 환송 속에 육사 교장 제24대 및 제

25대 이취임식이 화랑 연병장에서 열렸다.

　'바늘 가는 대로 실이 따라가듯이' 나는 다시는 되돌아올 수 없는 길로 가야만 하였다.

야전군 사령관이자 존경받는 아버지

1977년 12월 28일(수)

제1군사령관으로 부임

교장님이 제1야전군의 총수로 부임하는 감회와 막중한 책임감이 뒤섞인 영광의 날이다. 강원도를 떠난 지 30개월 만에 제1군사령관으로 부임하면서 돌아온 것이다. 우리 일행은 통일대(사령부) 연병장의 헬기장에 도착한 뒤 참모장의 영접을 받았다. 이어서 이임 사령관과 환담을 나누고 업무 인계 인수서에 서명하였다.

이취임식은 역대 군사령관과 많은 내외 귀빈들이 참석한 가운데 거행되었다. 가는 사람, 오는 사람이 서로 덕담을 주고받는 시간이었다. 군 생활은 2~3년 주기로 만남과 헤어짐의 연속이라는 생각이 들었다.

1977년 12월 31일(토)

전혀 생각하지 못했던 위치와 시간 앞에서

————

정사년 세모歲暮의 시간이다. 처음 세웠던 계획과는 동떨어진, 전혀 생각지도 못했던 자리에서 한 해를 마무리하고 있다. 새 근무지는 육사 공관보다 더 크고 넓은, 그야말로 역사와 전통이 빛나는 곳이다. 공관 내 나의 자리는 육사에서와 마찬가지로 본관 출입문 입구에 있는 작은 방이다. 단출하게 사무용 책상과 침대가 놓여 있다. 모든 출입을 통제하는 위치인데, 근무병이 뒷문을 지키고 있다.

공관 2층 배치는 육사와 달랐다. 2층은 필요할 때 VIP(대통령)가 사용할 전용 침실과 거실이 있는 구조이며, 창문 밖은 철창으로 보안 조치가 되어 있었다.

1978년 1월 6일(금)

3군단 지역 초도 순시

————

오늘은 3군단 지역을 처음 방문하는 날이다. 원주에서 횡성군 서석면을 지나는 하늘길, 온통 산으로만 형성된 지표면과 눈으로 덮인 아름다운 조국 산야의 광경이 한눈에 내려다 보였다. 사령관님은 헬기를 타서 어리둥절한 나에게 1949년 6·25 전쟁 발발 직전 제8

연대 6중대장으로서 공비 토벌 작전을 했던 일화를 들려주었다. 공작산*을 가리키면서 지형 설명을 하다가 처음으로 소대장을 잃은 안타까운 사연도 이야기하였다.

　　사령관님은 윤성민 군단장의 안내로 기밀실에서 업무 보고를 받았다. 1973년 3월부터 30개월 동안 3군단장으로 재직했던 시절을 환기할 때는 감회가 새로운 표정이었다.

　　저녁에는 3남 정이열 군이 78학년도 육군사관학교(38기) 신입생으로 최종 합격한 소식을 듣고 무척 기뻐하였다.

1978년 1월 10일(화)
새로운 만남이 시작되는 순간

─────────

예하 부대를 순시할 때는 헬기로 이동하기 때문에 날씨가 핵심이다. 다행히 오늘은 맑다. 2군단에 도착했을 때 유학성 군단장이 반겨 맞이하였다. 유 군단장이 사령관에 대해 과찬의 인사를 하자 사령관님은 겸연쩍어하였다. 지휘관마다 개성과 화법이 다름이 돋보이는 장면이었다.

　　환담하는 동안 비서실에서 대기하는데, 군단 비서실장 손○○

─────────

*　해발 887미터의 산으로 홍천군 화촌면과 동면에 걸쳐 있다.

소령이 "고향에 자주 가느냐?"고 인사한다. "아니요!"하고 대답하고 보니 고향 선배였다. 먼저 고향 선배임을 알지 못한 자신이 부끄러웠다. 선배는 "결혼은 했냐?"며 또 한 번 나의 정곡을 찔렀다. "좋은 처녀 있으면 소개해 주세요"라고 답하자 "고향 갈 때 이야기하라"고 하였다.

1978년 1월 19일(목)
국민소득 1,000달러 달성에 격세지감

────────

점심 식사 때 사령관님은 어제 발표한 대통령의 연두 기자회견을 언급하였다. 그러면서 대한민국 정부 수립 30주년이 되는 올해를 30년 전과 비교해 보면 격세지감을 느낀다고도 하였다. **1인당 국민소득이 1977년에 1,000달러를 달성**함으로써 1953년 67달러에 비해 15배 증가하였다. 1948년 2,200만 달러에 불과하던 수출도 무려 100억 달러를 달성해 500배나 늘어났다. 대통령이 10여 년 전에 내걸었던 '수출입국'이라는 구호 아래 노력한 결과, '수출로 먹고사는 나라'가 되었다며 대통령의 영도력을 격찬하였다.

　사령관님은 5·16 이후 방첩 부대장 시절 대통령과 나눈 대화도 전해주었다. 박 대통령은 이렇게 말했단다. "다 함께 잘살자는 공산주의가 잘사는지, 자유민주주의 시장 경제 체제를 택한 우리가 잘

사는지 김일성이 놈과 한번 경쟁해 보자!" 이를 위한 선결 조건은 철저한 반공 의식을 갖고 굳건한 안보체제를 구축하는 것이며, 이는 우리 군인들의 몫이라고 강조하였다.

　1970년대에 정부의 구호였던 '100억 불 수출, 국민소득 1,000불 달성'을 두고 일부에서는 10월 유신의 공허한 선전이라고 비하했지만, 작년에 달성한 것이다.

1978년 1월 30일(월)
"맨주먹으로 6·25 전투를 치른 아비 본받을 거다"
————

오늘은 사령관님의 막내 이열 군이 부모 슬하에서 벗어나 육사 38기로 가입교하는 날이다. 사령관님은 출근하는 차 안에서 "그 놈 이제 독립하였다"라며 사뭇 흐뭇해하였다. 힘든 기초훈련을 무사히 마칠 것을 확신하면서도 "맨주먹으로 부모 곁을 떠나 6·25 전투까지 치른 아비를 본받아 잘할 것이다"라고 되뇌었다.

1978년 3월 2일(목)
어머니의 마음
————

막내 이열 군이 정식으로 사관생도로 입학하는 날이다. 가장 힘든 10킬로미터 구보까지 무난히 마치고 1개월 간의 기초 군사훈련을 끝냈단다. 오후에 사모님이 첫 면회를 다녀왔는데, 완전히 달라진 아들의 태도가 대견스러우면서도 여전히 앳된 모습에 눈물이 글썽거렸다고 한다. 육사 교장 공관에서 지낼 때 매일 보던 사관생도의 모습도 새롭게 보이더라고 하였다. 자식을 군에 보낸 이 나라 어머니의 마음을 새삼 확인하는 광경이었다.

1978년 3월 3일(금)
미국에서 온 맏며느리의 편지

————

사령관님 생일에 맞춰 미국에 있는 맏며느리가 편지를 보내왔다. 사령관님은 편지를 읽고 기뻐하며 내게도 편지를 보여 주었다. 그래서 감명 깊게 읽은 부분을 적어봤다.

'아직도 거대한 거목과 같은 부모님 그늘 밑에 몸담아 그 품속에서 자라는 작은 한 그루 나무 같습니다. 비록 꾸준히 자라도 거목보다 더 클 수는 없겠지만 많은 가지와 무성한 잎을 기르고 한데 어우러져 더 많은 그늘을 만들고 더 많은 둥지를 지탱하겠습니다. 앞으로 뻗어나갈 더 많은 가족을 충분히 품에 안을 수 있게 큰 숲을 이루도록 노력하겠습니다.'

맏며느리의 시아버지에 대한 존경과 다짐이 여느 종가의 맏며
느리 못지않아 한없이 부러웠다. 장남 홍열 씨는 대우실업 미국지
사에 근무 중이다.

전쟁의 상흔은 사라지지 않는다

1978년 3월 20일(월)

생사를 가른 홍천 최관용 촌부와의 인연

이 세상에서 생명을 주고받는 만남은 천륜이다. 25년 전 6·25 현리 전투에서 적에게 포위당했던 날, 기아와 공포 속에서도 사령관님을 숨겨준 최관용 노인이 위암 수술을 받기 위해 입원하였다. 이번에는 사령관님이 생명의 은인에게 보답할 차례였다. 사령관님은 오후에 직접 문병하여 군의관에게 "전장에서 국군을 살려준 의인이므로 이제는 우리가 이 노인을 보살펴야 한다"고 부탁하였다. 그리고 돌아오는 차 안에서 최 노인과의 사연을 들려주었다. 때는 1951년 5월 16일 중공군의 2차 춘계 공세 시기였고, 사령관님은 당시 3사단 18연대 2대대장이었다.

"연대로부터 17일 밤부터 18일까지 방대산 남쪽의 수리봉을 점령하고 3군단 주력의 후퇴 작전을 최대한 엄호한 후 창촌으로 집결하라는 명령을 받아 18일 오후까지 작전을 실행하였다. 하지만 18

일 해 질 무렵, 적이 방대산 능선을 따라 이동하는 것이 관측되어 야음을 이용해 내린천을 건너 시암산으로 올라가는 철수 작전을 개시하였다. 포탄이 없는 중화기 8중대는 주간에 창촌으로 철수하도록 지시하고 3개 소총 중대를 지휘하여 새벽에 선발대 5중대를 내린천으로 먼저 내려보냈다. 건너편 능선을 장악하여 본대 철수를 엄호하라고 명령했지만, 연락이 끊겼다. 어느덧 날이 새기 시작하여 대대본부가 계곡으로 내려서는 순간 중공군과 마주치면서 사방으로 흩어졌다.

나는 적의 사격을 피해 정신없이 방대산 쪽으로 급히 몸을 피했는데, 날이 밝아 숲속에서 몸을 숨기고는 깜빡 잠이 들었다. '탕' 하는 총소리에 잠에서 깨 보니 중공군 여러 명이 총을 겨누고 있어 꼼짝없이 포로로 잡혔다. 중공군이 잡은 포로가 200명이 넘었지만 유엔군의 공군 사격으로 주간에는 이동하지 못하고 밤에 포로를 끌고 이동하였다.

이틀째 중공군이 행군을 개시할 때 나는 보초 바로 아래쪽의 잡목 숲에 몰래 몸을 숨겼다. 중공군은 약 10분 동안 나를 찾더니 포기하고 포로와 행군을 개시하였다. 나는 한참 후 낮에 봐두었던 산봉우리를 향해 올라갔는데, 낮에 먹었던 강냉이죽이 잘못되어 토하고 설사한 터라 기진맥진한 상태였다. 구사일생으로 아군 병사 두 명을 만나 그들의 부축을 받아 화전민 최관용 씨를 만났다. 그때가 21일 낮이었다.

최 씨는 중공군이 이틀 전에 지나가 없다고 나를 안심시키며 가족을 피신시키기 위해 만든 토막土幕에 숨겨줬다. 야포 소리가 들려서 최 씨에게 알아보라고 했더니 다행히 미군이었다. 최 씨는 장정 한 명과 함께 나를 미군 포병 진지로 데려다 주었고, 결국 원주 병원으로 후송되어 8일만인 6월 27일 건강을 회복하여 하진부리 강 가운데 주둔한 18연대에 복귀하였다. 일부 낙오자가 있었지만 대대 병력은 큰 피해 없이 건재하였다."

1948년 12월 38선 경비 때 적의 기관총 기습 사격을 시작으로 열한 번째 사선을 넘는 순간이었다. 사령관님은 "'죽고 사는 것은 하늘의 뜻'이라며 그날 이후 최 씨의 은혜에 보답하기 위해 모든 정성을 다해 왔는데, 이번에 수술을 통해 보답하게 되어 기쁘다"고 하였다.

1978년 3월 23일(목)

6·25 격전지 어론리 전투를 회고하다

2주간의 한미 연합작전훈련78 Team Spirit에 대한 강평이 제2사단에서 열렸다. 아침부터 눈이 오락가락 내려 횡성 비행장에서 차량으로 양구까지 이동하였다.

강평을 마치고 돌아오는 길, 함박눈이 펑펑 쏟아져 감성은 충만해졌으나 길은 미끄러워 몹시 위험하였다. 신남을 지날 때 사령관님은 6·25 격전지였던 어론리 전투를 떠올리며 "이 대위는 그때 몇 살이었냐?"라고 운을 떼더니 회고담을 들려주었다.

"1950년 12월 흥남을 떠난 배가 부산에 도착하자 부대는 철수했고, 18연대는 수도 사단에서 3사단으로 예속돼 홍천 북쪽 신남 지역에 배치되었다. 나의 소속 3대대는 적의 공격을 방어하고 있었다. 12월 28일 적의 야간 공격이 개시돼 철수 명령이 떨어졌다. 밤새 걸어서 이곳 어론리 고개까지 왔는데, 첨병 중대에서 총소리가 났다. 우리 부대가 퇴각할 때까지 아군인 23연대 1개 대대가 어론리 고개를 점령해줄 것이라는 연락을 받은 터라 확인차 대응 사격을 했지만, 적의 총소리였다. 퇴로가 차단된 절체절명의 위급 상황이었다. 안개가 걷히는 여명의 시간, 첨병 11중대장 강정희 대위에게 지시해 그가 무명고지를 공격하는 사이 대대 주력은 어론리 고개 좌측으로 적을 공격하면서 돌파하였다."

당시 전황을 회상하던 사령관님은 "아홉 번째 사선을 넘는 순간이었다. 이 전투에서 강 대위가 전사하고 12명의 사상자를 내는 뼈아픈 상처를 남겼다. 전사한 강 대위와 장병들을 영원히 기리기 위해 그 장소에 충의비를 세울 준비를 하고 있다"고 하였다.

1978년 4월 19일(수)
수행 중 가장 위험했던 날

———————

역대 참모총장이자 역전의 맹장이었던 이응준, 백선엽, 이종찬, 이형근, 송요찬, 최영희, 최경록, 민기식 장군이 12사단과 15사단을 방문하였다. 아침부터 기상이 좋지 않았으나 일정을 강행하였다. 말고개에서 점심을 먹고 5군단 지역으로 환송한 후 귀대하던 중 계속 씨름하던 기상 상태가 끝내 말썽이 났다. 춘천을 지날 때 앞이 잘 보이지 않기 시작하더니 원창고개를 넘어서부터 구름이 잔뜩 끼어 헬기가 골짝을 헤매다시피 겨우 운항하였는데, 홍천 삼마치 고개에 이르자 구름에 완전히 막혔다.

　그 순간 강원도 지형에 능통한 사령관님은 즉시 양덕원 쪽으로 우회하자고 하였다. 그런데 양덕원 쪽 상공에 도착했을 때는 구름이 심해 더는 운항이 불가능할 뿐만 아니라 지면에는 짙은 안개가 끼어 앞으로 갈 수도 없고 불시착할 수도 없는 절체절명의 위급한 순간이 닥쳤다. 더구나 조종사가 불시착할 지형이나 헬기장, 전선 등 장애물이 어떤 상태인지를 전혀 모르는 상황이었다. 나 역시 마찬가지였다.

　사령관님은 당황해 하는 조종사를 안심시키고 지도를 보며 상공을 빙빙 돌도록 지시하였다. 고도를 낮추어 좌우측 산봉우리를 보면서 운항하였고, 양덕원 지역의 군부대 연병장에 무사히 불시착하였다. 대대가 초비상이었다.

해박하게 지형을 분석하고 빠르게 상황 판단한 후 침착하게 지시하는 사령관님의 위기 조치 능력이 돋보이는 하루였다.

1978년 4월 21일(금)
〈전시를 대비한 군사력의 정비 방향〉 논문 발간

─────

사령관님이 육사 교장 시절부터 연구한 〈전시를 대비한 군사력의 정비 방향〉이라는 논문이 소책자로 발간되었다. 모든 계획은 훗날 상황을 가정해 세우는 것이 중요하다. 이 논문은 현행 미군의 대외 군사전략과 주한미군 철수 계획을 고려할 때 북괴가 남침 시 미국은 지상군을 투입하지 않을 것이며, 극동 지역의 해·공군 위주로 전력이 투입될 것이라고 가정한다. 또 북괴군의 최강점은 지상군이고 적의 목적은 한반도 영토 석권이므로 우리는 육·해·공군의 전력을 동시에 증강하되 지상군을 최우선적으로 건설해야 한다는 주장이 담겨 있다.

이 논문은 참모총장과 국방부 장관에게도 보고할 계획이라고 한다. 사령관님은 내게도 틈틈이 논문을 보고 미래 전쟁에 대한 전략을 공부하고 연구하는 습관을 길러야 한다고 당부하였다.

1978년 5월 3일(수)
또 다른 운명, 진춘조 군의관을 만나다

————

저녁에 원주병원장이 공관으로 찾아와 새로 전입해 온 군의관 진춘조 대위를 소개하였다. 진 대위는 그동안 육사 강○○ 군의관이 해오던 업무를 맡게 된다. 나는 사령관님의 코 알레르기 반응 검사 결과와 건강 상태를 일러주었다. 조금 긴장한 것 같았지만, 첫인상이 성실하고 진솔해 보였다.

1978년 5월 11일(목)
군인 가족의 애환을 듣다

————

9일 오후 서종철 대통령 안보특별보좌관이 내방한 후 사령관님은 진해 무궁화 교육에 참석하기 위해 헬기로 출발하였다. 이틀 뒤 나는 차량을 인솔하여 서울로 간 뒤 사령관 사모님을 모시고 경부선과 구마고속도로를 이용해 진해로 이동하였다.

싱그러운 오월의 고속도로……. 쭉 뻗는 길을 신나게 달렸다. 서울에서 진해까지 조국의 발전 모습을 한눈에 느끼고 있는데, 사모님이 기다림의 연속이었던 신혼생활과 6·25 전후 궁핍했던 군인 가족의 소회를 들려주었다.

"1944년 10월 열일곱 나이에 얼굴 한번 못 본 채 무주에서 결혼하고 3여 년 만에 김천으로 신행新行을 갔는데, 바로 그해 7월 한마디 말도 없이 육사에 지원 입교해서 무척 섭섭하였다.

6·25가 일어나기 이틀 전에는 용산의 2연대와 맞교대해 서울 조부님 집으로 이사하였다. 그런데 6·25 전쟁이 일어나기 전날 집에 와서 잠을 자고 아침에 출근한 이후에는 전선이 어느 정도 고착화된 1951년 9월까지 얼굴 한번 보지 못하였다. 죽었는지 살았는지 정말 피 말리는 기다림의 연속이었다."

어떤 상황인지 짐작되면서도 사모님의 심정이 충분히 이해되었다. 특히 1950년 7월 퇴각 시 김천역에 잠시 머무르다 집에 연락 없이 떠난 일을 두고서는 "아내와 자식은 안중에 없고 오직 군대밖에 모르는 무정한 사람이라!"라고 회고하였다. 또 전란 속에 김천까지 피란 온 과정도 들려주었다.

"서울에서 대학 다니던 당숙 정종택의 안내로 사령관님 동기생 한정희 대위 가족과 함께 피란길에 나섰는데, 한강 다리가 폭파되어 새벽에 마포나루에 가서 나룻배를 억지로 타고 건너다가 아군의 오인 사격으로 몰살당할 뻔했다. 갓난아기를 등에 업고 걸어 시흥을 지나다가 우연히 8연대 정보과 하사관을 만나 연대 경리장교가 건네준 돈 2만 원으로 시댁이 있는 김천까지 갈 수 있었다. 천안에서 겨우 기차를 탔을 때 사람이 하도 많아서 기차 지붕 위에 가마니를 깔고 피난하였다."

1953년 2월 육군대학에 입학하면서부터 제대로 된 살림을 할 수 있었지만, 그때도 전후 나라 살림이 엉망이라서 군인 봉급으로는 기초생활도 곤란할 정도였다던 사모님은 "30년이 지난 지금 위대한 지도자를 잘 만나 나라가 잘살게 되면서 이제야 내 집을 마련하여 살만하다"고 하였다.

1978년 5월 14일(일)
애인과 영화 관람 중인 군의관 호출

그저께부터 사령관님의 컨디션이 좋지 않더니 급기야 재채기와 콧물이 심각해졌다. 그래도 저녁 식사 후 쉬는 것 같아 한숨 돌리고 있었는데, 갑자기 군의관을 호출하였다. 병원에 연락하니 진 대위는 비번이라 영화 보러 갔다고 하였다. 급한 마음에 경호장교를 영화관으로 보내 그를 데려오라고 하였다.

원인은 고열을 동반한 감기였다. 간호장교가 주사를 놓고 링거도 동원했더니 밤 11시가 되어서야 안정되었다.

사령관님이 링거 주사를 맞는 동안 진 대위와 이야기를 나눴다. 진 대위의 부친께서는 6·25 전쟁 당시 1·4 후퇴 때 단신으로 월남하여 원주에 정착하였다고 한다. 그러면서 야전 병원에 부임하고 처음으로 애인과 영화를 보던 중 방송으로 호출당하는 특별한 전입 신고를 하였다며 웃었다.

　군의관임에도 야전 군인과 눈높이를 같이 하려는 자세가 유독 돋보였다. 여느 군의관과는 다르게 무례한 호출도 긍정적으로 생각해주니 고마웠다.

대장 진급과 유신 체제에 대한 군의 입장

1978년 5월 17일(수)
전두환 소장의 안내로 1사단 지역 순찰

서부전선의 상황을 파악하기 위해 경기도 파주의 1사단 지역을 헬기로 방문하였다. 1사단장 전두환 소장의 브리핑을 받고 임진강 차안此岸의 방어 진지도 둘러봤다. 전두환 소장은 말로만 듣던 정규 육사 11기생 선두 주자답게 과묵하고 신념에 가득찬 장군처럼 보였다.

헬기에서 내려다본 1사단 방어 진지는 도무지 전선 기분이 나지 않는 지역으로, 높고 험준한 산악지역에 구축된 1군 방어 진지와는 다르게 대부분 민가지역 주변의 나지막한 산언덕에 구축되어 있었다. 거리상으로도 수도 서울과 40킬로미터밖에 떨어져 있지 않으니 1군 방어 진지와는 근무 여건이 하늘과 땅 차이였다. 부대 막사와 내무반, 취사 시설 등 초병들의 근무 여건은 동부 산악지역 부대와 비교하면 격세지감일 정도였다. 이래서 장교들이 1군보다 3군

지역을 더 선호하는가 싶었다.

　　사령관님은 전두환 소장에게 종심縱深이 짧은 사단 작전 지역
에서 북괴가 속도전을 펼쳤을 때의 대비책을 중점적으로 질문하며,
현재 연구 중인 북괴 속도전에 대비한 자료를 수집하였다. 전두환
소장을 신뢰하는 모습이었다.

1978년 5월 22일(월)
녹음기에 적 침투 대비를 강조

지난 4월 28일에는 전남 거문도 앞바다, 5월 19일에는 강원도 거진

앞바다에서 무장 간첩선이 발견되는 등 북괴는 노골적으로 대남 침투를 하고 있다. 사령관님은 휴전선 경계 근무를 철저히 하여 적의 침투를 근원적으로 저지하되, 불가항력적으로 허용했을 때는 신속히 발견한 뒤 적을 섬멸하는 소탕 작전을 펼쳐야 한다고 강조하였다. 사전에 모의 훈련을 하는 등 녹음기綠陰期*에 대비한 전투 준비 태세를 갖추라고 지시하였다.

1978년 5월 31일(수)
청와대에서 육군 대장 진급 신고

날씨도 쾌청하고 계절도 더없이 좋은 시절, 사령관님이 군의 최고 계급인 대장으로 진급하는 영광을 안았다. 11시 청와대에 도착하여 진급 신고를 한 후 국방부 장관과 육군 참모총장에게도 인사하였다.

돌아오는 길에 민기식 예비역 장군 댁에 들러 인사한 뒤에 차 안에서 그분의 인품을 소개하였다. "군 생활이 어려울 때마다 민 장군은 삶의 길잡이가 되어 주었고 나라를 사랑하는 마음과 군인

* 북한 무장 공비는 쉽게 발견되지 않도록 푸른 나뭇잎과 그늘이 많은 계절인 녹음기를 이용해 주로 침투한다.

의 자긍심을 일깨워 주신 분이라 대장 진급하는 날 제일 먼저 생각이 났다."

1978년 6월 5일(월)
공관 근무병들과 진급 축하 사진 촬영

———————

아침 출근길에 시령관님은 수행원 및 공관 근무병들과 기념사진을 촬영하자고 하였다. 음지에서 일하는 장병들까지 챙기는 모습에 병사들은 감격하여 어쩔 줄 몰라 하였다.

1978년 7월 7일(금)
유신 체제에 대한 군의 입장

———

7월 6일 통일주체국민회의는 단독 출마한 박정희 대통령을 9대 대통령으로 선출하였다. 이로써 박 대통령은 1963년부터 16년째 집권하게 된다. 점심 식사 때 사령관님은 지난해 국회 답변에서 육군 참모총장이 밝힌 유신헌법에 대한 군의 입장을 소개하였다.

"유신 체제는 어디까지나 국민의 총의總意에 의해서 이룩된 체제이므로 국민의 총의에 따라 국가 체제를 보위하는 것이 우리 군의 사명이다. 이 체제가 국력을 조직화하는 한편 능률을 극대화하는 데 목표를 두고 있는 만큼 군으로서는 국가 시책에 적극적으로 부응하여 군의 기본 임무를 성실히 수행함으로써 그야말로 싸우지 않고 이길 수 있는 부전승체제不戰勝体制를 강력히 추진해 나갈 작정이다."

단군 이래 최초로 '잘살아 보겠다'는 공감대가 합의되어 국가 목표를 설정한 뒤 모두가 16년간 달려왔다고 강조하였다. 하지만 이제는 유신 체제에 대한 부작용은 없는지 되돌아봐야 한다고 생각하였다.

1978년 7월 15일(토)

박 대통령의 공관 방문

오늘은 전임 육사 교장 자격으로 제1하사관학교에서 훈련 중인 2학년 생도들을 초대하였다. 그런데 13시 40분 청와대 경호실장이 대통령이 곧 방문한다고 통보하였다. 이때부터 우리 공관 식구들은 비상이었다.

30분도 채 지나지 않았는데, 선발 경호팀이 공관으로 기습적으로 들어왔다. 공관 정문의 인터폰 소리에 뛰어나갔지만, 그들은 이미 신발을 신은 상태로 공관 내부로 달려왔다. 아무리 경호상 불가피한 일이라고 하더라고 무례하다는 생각이 들었다. 더구나 사령관님에게 일말의 인사도 없는 무뚝뚝한 사나이들이었다.

한 시간이 지나 대통령이 두 명의 영애令愛 근혜, 근영 씨와 함께 들어왔다. 학부모 자격으로 원주에서 하기 군사훈련을 받는 지만 생도를 면회왔다고 한다. 30분 뒤 지만 생도가 도착해 부자가 상봉하였다. 난생처음 가장 가까운 거리에서 대통령을 뵙는 영광이었다. 이곳까지 딸들을 동반하고 와서 가족 상봉하는 자리에 어머니가 없다는 애석함이 절절하게 느껴졌다. 어머니 육영수 여사가 살아 계시면 얼마나 좋을까?

때마침 사령부 식당에 준비된 생도 환영 식사 자리에 대통령도 참석하였다. 대령급 장교들도 참석해 북적북적한 가운데 칵테일 파티가 열렸다. 장교들이 경쟁적으로 대통령 가까이 가려고 시도하는 모습이 연출되었는데, 그때마다 경호원이 팔꿈치로 옆구리를 찔러 막았다. 참으로 과도한 경호 장면을 목격하였다.

1978년 7월 31일(월)
7사단에서 귀대 길에 최관용 댁 방문

날씨가 쾌청한 가운데 헬기로 7사단 순시를 마치고 귀대하는 길에 홍천 아홉사리 고개 화전민촌에 사는 최관용 댁에 들렀다. 지난 3월 위암 수술을 한 최 노인을 위로차 방문한 것이다. 1951년 중공군 2차 춘계 공세 때 사령관님의 생명을 구해주었던 바로 그 현장에

서 화전민과 재회하고 건강 회복을 기원하였다.

1978년 9월 13일(수)
금의환향하는 차 속에서 죽을 고비 회상

———

대장 승진 후 사령관님은 여느 장교들처럼 1주일 정기 휴가를 냈다. 1947년 4월 사모님과 결혼하여 신혼생활을 시작하던 그해 7월 조선경비대 사관학교(육사 제5기생)에 입학하여 1948년 4월 6일 육군 소위로 임관한 뒤 육군 대장으로 승진하여 고향인 김천 봉계마을로 금의환향하게 되었다.

휴가 중이지만 귀향길에 아산 현충사에 도착해 참배하였다. 이 자리에서 사령관님은 "구국하는 길은 이순신 장군처럼 사리사욕을 버리는 냉철함과 침착함의 사생관死生觀이다"라고 말하였다. 그리고 속리산 법주사로 가는 길에는 6·25 발발 전 말로만 전쟁을 준비하던 위정자들의 허풍에 의해 초전에 무참하게 당할 수밖에 없었던 쓰라린 전투와 열두 번이나 죽을 고비를 넘었던 순간들을 회상하며 주마등처럼 흘러간 30년 삶을 내게 일러주었다.

1948년 5월 제8연대 1대대 2중대 소대장으로서 춘천에 처음 부임하였다. 당시 38선 경계 임무 도중 인민군의 기관총 사격으로 첫 번째 사선을 넘었다. 제8연대 2대대 6중대장으로서 단양지역 공비를 토벌한 후인 1949년 7월에는 38선 경계지점인 북한강 남쪽 어론리 고개에서 북괴군과의 첫 정규전인 신남 전투에서 두 번째 죽을 고비를 맞았다. 그리고 1950년 6월 23일 전투 경험이 있는 강원도 주둔 제8연대와 전투 경험이 전혀 없는 서울 용산의 제2연대를 맞교대시킴으로써 제8연대는 6·25 전쟁을 맞아 천호동 나루터 도강작전 때 세 번째 죽을 고비를 넘겼다고 하였다. 천호동에서 도강한 후 제8연대는 7월 5일 저녁 오산 서남쪽 국민학교에서 적의 전차 사격으로 네 번째 죽을 고비를 넘겼으나, 전차를 앞세운 적의 공격에 대패하였다. 7월 18일 예천국민학교에 집결해 불명예스럽게 해체되면서 수도사단 제18연대 3대대로 재편되었다.

계속 북괴와 지연전을 하던 8월 6일, 의성군 다인면 구지동에서는 적의 야간 기습에도 위치를 드러내지 않고 침착하게 대응해 다섯 번째 고비를 넘겼다. 8월 14일 포항 비학산에서는 18연대 3대대 부대대장으로서 전투에 임했으나 전초前哨의 졸음으로 야간 기습을 당해 여섯 번째 죽을 고비를 넘겼다. 9월 1일에는 소령으로 진급하여 영천회전에서 야간에는 적이, 주간에는 아군이 뺏고 뺏기는 공방전 끝에 대전차지뢰를 피하며 일곱 번째 고비를 넘겼다. 이 경험을 통해 아무리 최첨단 무기를 개발한다 해도 소부대 전선이 무너지면 승리할 수 없다는 사실을 깨달았다. 또 소부대 전투원의 침착한 태도가 전승을 이끌 수 있음을 뼈저리게 느꼈다. 사령관님은 결국 침착함 때문에 죽을 고비를 넘길 수 있었다고 회상하였다.

특히 6·25 전쟁 시 미국 트루먼 대통령의 즉각적인 전투병 파병과 맥아더 장군의 인천상륙작전 성공은 전적으로 이승만 대통령의 뛰어난 외교능력과 지도력이라고 강조하였다. 6·25 전쟁 발발 후 82일 동안 지연전을 펼치며 싸우다가 9월 15일 인천상륙작전 성공 후 14일 만에 38선을 회복하였다. 10월에는 인제·원통 추격 전투 때 적과 조우해 바지 관통상을 당하며 여덟 번째 고비를 넘겼으며, 12월 신남 어론리 전투에서 강정희 대위가 전사하며 아홉 번째 죽을 고비를 넘겼다. 다음 해인 1951년 2월 제18연대 2대대장으로 치악산 전투에 참여해 미 공군의 오인 사격으로 몰살당할 뻔했던 열 번째 죽을 고비와 5월 중공군 2차 춘계 공세 현리 전투에서의 포로가 된 뒤 탈출해 아홉사리 고개에서 최관용 노인의 도움으로 은신한 뒤 기사회생했던 열한 번째 죽을 고비도 있었다.

열두 번째 죽을 고비는 광주 고등군사반 교육을 마치고 제18연대 부연대장으로 부임했을 때였다. 사단장의 "전투 잘하는 정 중령이 대대 OP에 가서 지원하라"는 명령에 1952년 5월 피아彼我가 고지를 두고 뺏고 빼기는 진지전을 펼쳤던 피의 능선 전투에 투입되었다. 고군분투하던 김종민 대대장을 지원하다 적의 포탄이 날아와 마지막 죽을 고비를 넘겼다.

사령관님은 "열두 번의 죽을 고비를 넘기고 이렇게 금의환향하니 30년이라는 기나긴 세월 동안 조상님이 돌봐 주신 음덕"이라고 말하였다.

1978년 9월 14일(목)
"곧고 정직한 선비형 덕장"

———————

연일 정씨 교리공파 가문에 육군 대장이 났다며 마을 잔치가 열렸
다. 사령관님은 고향에 도착하자마자 정복으로 갈아입고 봉암서당
으로 가서 선대 조상께 제30대 종손으로서 참배하였다. 때마침 휴
가 중인 문중 출신 육사 생도 정이열, 정세화, 정혁도 참석하였다.
문중 어르신은 환영사에서 "불의와 타협하지 않고 곧고 정직한 선
비형 덕장"이라고 칭찬하였다.

무장간첩 침투로 체제 경쟁하는 북한

1978년 10월 5일(목)

제7사단 3연대 지역에 무장간첩 침투

사령관님이 연초부터 그렇게도 강조했던 소부대 지휘관의 근접 전투 교육을 북괴가 시험이나 하듯이 제7사단 3연대 지역에 무장간첩 세 명이 출현하였다는 보고를 받았다. 시간은 13시 20분이다. 긴급 작전 상황실에서 사령관님은 계곡이 험한 산악지형인 만큼 아군의 희생을 최소화하는 지구전을 지시하였다. 또한 봉쇄선 길목에 목 진지를 구축하고 적과 접촉하기 위한 수색 정찰이 관건임을 강조하였다.

  이날부터 다섯 번 이상 적과 접촉했으나 번번이 놓치고 말았다. 9일째 아침 중대 취사장에서 간첩이 밥을 훔쳐 먹은 흔적이 있다는 보고가 들어왔다. 6·25 전쟁을 경험하고 7사단장을 역임하면서 지형을 잘 알고 있는 사령관님은 적의 도주로를 지도 위에 표시하면서 오늘 밤중으로 무장간첩이 ○○지역 철책선 부근으로 강습强襲

돌파할 것임을 예측하고 작전 참모와 군단장에게 경계를 강화하라고 지시하였다.

자고 일어나니 간첩은 안개 낀 BMNT* 시각에 아군 매복조 교대 시간을 이용해 사령관이 예측한 그 지점의 철책선을 강습 돌파하였다는 허망한 상황 보고가 들어와 있었다. 사령관님의 작전 판단은 정확했으나 소부대 지휘자 필승의 신념과 임기응변 능력이 부족하였다. 결국 모든 것은 사람이 하는 일이라 군사령부의 작전 지침이 말단 소부대까지 하달되어 완벽하게 시행되기란 쉽지 않다. 그동안 강조해온 바와 같이 전투는 소부대 지휘관의 자발적이고도 창의적인 능력에 의해 좌우된다는 것이 다시 증명된 사건이었다.

사령관님은 "6·25 전투를 통해 방어 진지가 형성된 뒤 소부대 전선이 침투당하면 대부대가 후퇴하는 악순환이 이어진다는 사실을 생생하게 터득하였다. 따라서 소부대 근접 전투를 절대 등한시해서는 안 된다"라고 강조하였다.

1978년 10월 9일(월)
철책선은 정규전에 대비한 전투 장애물이 아니다

————

* 일출 48분 전부터 일출까지의 시간인 해상 박명초를 말한다.

지난 작전을 통해 휴전선에 구축된 철책선은 전투 장애물이 아니라는 것이 극명하게 드러났다. 사령관님은 혹시 예하 부대 지휘관들이 이 철책선을 적이 극복하기 곤란한 전투 장애물로 착각하고 있는 것은 아닌지 의심스럽다고 하였다. "이 철책선은 1968년 1월 김신조 일당의 청와대 습격 사건 직후 국방부 인사국장으로 재직 중이던 내가 무장공비 침투 흔적을 초기에 파악하기 위한 목적으로 직접 제안한 것으로써 미 군사 원조 예산으로 구축하였다."

그러므로 철책선에 지나치게 의존하여 실제 경계나 근접 전투 개념을 소홀히 해서는 안 된다는 것이다. 특히 철책선은 정규전에 대비한 전투 장애물이 아니라는 점을 명심해야 한다고 거듭 강조하였다.

1978년 11월 5일(일)
어론리 전투의 강정희 전우 충의비 건립

————

일요일임에도 사령관님은 1950년 12월 어론리 전투에서 전사한 전우들의 희생정신을 기리기 위한 충의비 제막식에 참석하였다. 11시, 치악회 전우들의 격전지였던 인제군 남면 어론리 고개에 열한 명의 영웅들이 모였다. 날씨는 맑고 하늘은 푸른데, 고갯마루는 단풍이 지고 갈참나무 잎만 늦가을의 정취를 뽐내고 있다.

'산천은 의구한데 인걸만 변하였구나!'로 시작되는 화두 속에 그날의 치열한 전투에서 순직한 강정희 대위의 용맹을 다 함께 숙연하게 되새겼다. '임 가신 골짜기에 초연은 사라지고 하늬바람 불 때마다 무명초만 나부끼네!' 충의비 기단에 새겨진 글귀는 당시 처절했던 전쟁의 모습은 사라지고 의구한 산천만이 남아있음을 슬퍼해 애잔함을 더하였다. 글귀는 사령관님이 치악회 회원들과 조국에 대한 애끓는 사랑의 마음을 담아 직접 지은 것이다.

1978년 11월 7일(화)
무장공비 침투에 진돗개 하나 발령

─────

이번에는 충남 광천 2군 지역에 무장공비가 침투하여 진돗개 하나가 발령되었다는 상황이 보고되었다. 역시나 북한 괴뢰 집단은 우리의 국가적 행사인 **12월 12일 제10대 국회의원 선거**를 그냥 지나치지 않을 모양이다. 지난 10월 1군 지역에 침투해 봤지만, 남한에 혼란과 공포를 줄 수 없다고 판단했는지 이번에는 후방 지역인 2군에 침투하였다. 물론 155마일 휴전선과 900마일의 해안선을 개미 한 마리 지나가지 못하도록 철저히 경계하더라도 침투하는 적을 놓칠 수 있다. 하지만 우리 군의 경계 태세는 분명히 문제가 있어 보인다.

1978년 11월 17일(금)
계속되는 무장간첩의 양민 살인

————

후방 지역인 2군에 침투한 3인조 무장간첩이 무자비한 살인 행위를 계속해 군인의 체면이 말이 아니다. 이들은 7일 충남 광천지역에서 무고한 두 명의 부녀자를 무참하게 살해하였고, 16일에는 공주에서 민방위대원 한 명을 살해하였다. 천인공노할 반인륜적 만행이었다.

　무장간첩을 잡는 일은 군과 경찰의 임무다. 특히 국민의 생명과 재산을 보호해야 하는 군인이 해야 할 몫이지만, 국민의 적극적인 도움 없이는 훈련된 무장간첩을 사살하는 데에는 적잖은 어려움이 있는 것 같았다. 그래서 박정희 대통령은 민관군의 총력 안보 태세를 외치는 것이다.

인생의 동반자를 만나다

1978년 11월 20일(월)

짧은 머리에 빨간 넥타이 맨 사나이

군의관 진춘조 대위가 퇴근 후에 공관으로 왔다. 진 대위는 12월에 결혼할 예정이란다. 지난 10월에는 경호장교 김인선 대위가 결혼하였다. 주변 사람들이 온통 결혼하는 시즌이다.

진 대위가 다녀가고 사령관님은 "이 대위는 언제 결혼하느냐?"고 물었다. "며칠 후 아버님 생신에 맞춰서 내려오라고 합니다"고 대답하자, 그 자리에서 휴가를 승낙하였다.

갑자기 얻은 2박 3일 휴가 계획을 짜다가 불현듯 지난 1월 2군단 초도 방문 때 군단 비서실장이 고향에 가면 이야기하라던 말이 떠올랐다. 밤중이지만 군단 비서실장에게 좋은 처녀를 소개해 달라고 전화했더니 갑자기 맞선이 성사됐다. 11월 23일 14시 경주 시내 고궁 다방에서 짧은 머리에 빨간 넥타이 맨 사나이를 찾으라는, 그야말로 일방적인 만남을 약속하고 잠이 들었다.

1978년 11월 22일(수)
아늑하고 포근한 고향의 아침
————

아버님의 생신을 준비하느라 이른 아침부터 어머님과 형수님은 바쁘다. 동생들은 아침 식사에 친지들을 초대하느라 동네를 한 바퀴 돌았다. 생일상에는 가자미회, 싱싱한 생미역, 대구 미역국, 찰밥이 올라왔다. 전방 군 생활에서는 맛볼 수 없는 그야말로 남쪽 내 고향의 맛이었다.

1978년 11월 23일(목)
온 가족이 총출동한 맞선
————

아버님은 아침부터 서두르고 있다. 오늘은 무언가 끝장을 낼 태세다. 부랴부랴 식사를 마친 후 7남매가 부모님을 모시고 경주 시내로 총출동하였다. 맞선은 오전과 오후 두 번 예정되어 있다. 가족들은 오전보다 오후에 만난 처녀가 더 좋단다. 나도 대찬성이었다.

1978년 12월 18일(월)
미국과 중공의 수교

미국은 중공의 수교 3대 요구 조건인 자유 중국과의 단교, 기존에 맺은 상호방위조약 폐기, 주 대만의 미군 완전 철수를 수용하였다. 그리고 **1979년 1월 1일 자로 미국과 중국이 국교를 수립한다고 발표**하였다. 충격적이었다. 사령관님은 점심 식사 후 이 일을 냉철하게 분석하였다.

"미국은 제2차 세계대전과 한국 전쟁을 통해 구축된 동서 냉전 체제하에서 자유 월남, 자유 중국, 대한민국, 일본을 잇는 자유민주 전선을 동아시아에 구축하여 혈맹을 유지해 왔다. 그러나 미국은 국가의 이익을 앞세워 어제의 혈맹을 버리고 그들만의 새로운 세계 질서를 구축하고 있다. 미국의 국가 이익이 소멸되고 우리의 국력이 약하면 언제든지 버림받을 수 있음을 자유 월남과 자유 중국 사례에서 확실히 알 수 있다."

사령관님은 특히 "동서고금을 통틀어 자국민이 국가를 지킬 수 있을 때 우방이 도와주었음을 역사가 증명하고 있다. 해방 후 우리가 혼란할 때는 미군이 철수했으나 이승만 정부와 우리 군이 나라를 지키겠다는 의지가 있었고 미국이 한반도에서 얻을 이익이 있었기에 유엔의 이름으로 참전하여 우리를 구해준 것이다"라고 힘주어 말하였다. 마지막으로 "카터 정부가 주한미군을 단계적으로 철수시키려고 하는데, 국론이 분열되면 우리도 외면당한다"라며 조국이 현실을 직시해야 한다고 하였다.

1978년 12월 25일(월)
세 번째 만남의 자리가 상견례

———

한 해가 저무는 시간, 인생의 갈림길에서 최종적으로 반려자를 정하기 위해 야간 열차에 몸을 실었다. 아침에 경주 누님 댁에서 부모님을 만나 앞으로 처고모님이 되실 분 댁으로 가서 양가 부모님께 인사드리는 상견례를 하였다. 세 번째 만남에서다. 그 자리에서 어머님은 숙이의 손을 꼭 잡으면서 무척 좋아하였다. 어머님이 나보다 먼저 숙이의 손을 잡았다.

1979년 1월 20일(토)~29일(월)
열흘간의 결혼 휴가

———

처음 만남으로부터 3개월 만이다. 그것도 삼세번 만남 만에 이루어진 초스피드 결정이다. 결혼 전날에 친구들과 함잡이 추억을 만들고 싶었는데, 이마저도 약식으로 운전병이 메고 갔다. 결혼식 사회는 장○○(육사 28기 동기) 사무관이, 주례는 제1군사령부 예비군 민사참모 황○○ 준장이 맡았다. 또한 비서실장 김○○ 대령도 축하해주었다.

제주도로 신혼여행을 다녀왔을 때가 마침 설날이라 가족들과 함께하며 즐거운 시간을 보냈다. 이제부터 친가는 물론 처가댁 가족들도 챙겨야 하지만, 아직 나는 서둘러 귀대해야 하는 처지다.

이렇게 이정표 없는 세 갈래 길에서 그토록 찾아 헤매던 평생의 반려자를 만났다.

제4장

10월 유신 말기,
참모총장을
수행하다

1979. 1. 30.~1979. 10. 1.

제22대 육군 참모총장 취임

1979년 1월 30일(화)
부임 13개월 만의 영전 소식

───────

어제저녁 신부와 함께 사령관님 부부께 인사 드린 후 출근하였는데, 14시 30분경 엄청난 소식이 날아들었다. 사령관님이 참모총장으로 영전하였다는 소식이다. 육군 참모총장은 군령권軍令權과 군정권軍政權을 가진 직책으로, 사령관으로 부임한 지 13개월 만이었다.

서둘러 공간으로 돌아와 이삿짐을 꾸렸다. 연신 걸려오는 축하 전화를 연결하고 짐 챙기느라 인사드리기 위해 데려온 신부는 뒷전이었다. 결국 오후에 서울로 가는 사모님 편에 신부도 함께 떠나보냈다. 군인 가족도 명령에 의거하여 움직이지 않으면 안 되는 숙명을 첫날부터 체험시켰다.

1979년 1월 31일(수)
참모총장으로 발탁된 시대적 사명

————

사령관님은 오전에 대통령과 함께 동해고속도로 개통 행사에 참석하고, 오후에는 후임자 없는 이임식을 간단하게 내부 행사로 진행하였다. 저녁에는 군단장급 이상 지휘관과 환송 저녁 식사를 하고 밤늦게 서울로 출발하였다. 이 모든 것이 단 하루 만에 속전속결로 이루어졌다.

밤 10시 눈발이 날리는 영동고속도로를 조심스럽게 헤치며 귀경하였다. 온통 눈으로 덮인 하얀 고속도로길 승용차 안에서 사령관님은 "이 대위는 내가 왜 참모총장으로 발탁되었다고 생각하나?"라고 물었다. 덧붙여 군에서 대령 계급까지는 개인의 능력으로 선발되지만, 장군부터는 필요에 따라 발탁되는 개념이라고 하였다. 나는 그동안 수행 중에 보고 느낀 경험을 토대로 발탁된 이유를 두 가지로 말씀드렸다.

"첫째는 군 전력 증강의 방향을 전환하기 위함입니다. 지금까지는 군의 무기를 현대화하고 방위성금으로 진지를 구축하는 등 유형의 전투력을 증강하는 데에 중점을 두었으나 이제부터는 부대 교육 훈련을 강화하고 간부 개인의 능력을 향상해야 하는 것이 과업이므로 사령관님께서 그동안 준비해온 교육 훈련 사상이 필요해 발탁된 것 같습니다.

둘째는 군의 리더십 방향을 변화시키기 위함입니다. 지금까지는 외형적인 외적 자세와 부하에게 일방적으로 강요하는 지시형의 리더십이 주를 이루었습니다. 하지만 장병의 교육 수준이 높아지고 고도화되어 가는 군을 지휘하는 데에는 장병이 자발적으로 참여하고 민주적으로 이끄는 리더십이 필요합니다. 사령관님은 이러한 시대정신을 평상시부터 몸소 실천해 오셨기 때문이라 생각합니다."

사령관님도 본인의 생각과 같다며 무척 좋아하였다. 사령관님의 칭찬으로 덩달아 나도 기뻤다.

1979년 2월 1일(목)

제22대 육군 참모총장 취임식

9시 국방부 장관에게 보직 신고하고 육군본부로 향하였다. 11시, 육군본부 광장에서 거행된 이취임식장에서 공식적으로 **정승화 대장이 제22대 육군 참모총장으로 취임**하였다. 취임사에서 참모총장님은 "우리 군은 선배 전우들이 피땀 흘려 이룩한 빛나는 전통을 이어받아 초전 박살의 굳은 신념으로 전투 태세를 갖추고 나아가 총력 안보와 유신 과업 수행의 선봉적 역군으로서 사명을 다하자"라고 말하였다.

언론은 신임 참모총장에 대해 '31년의 군 생활 동안 항상 사私

보다는 공公을 중시하였고 냉철한 이성으로 위기를 극복해 온 지장
智將'이라고 평가하였다. 총장 수석부관 황○○ 대령은 나에게 참모
총장이라는 직책이 군령권과 군정권을 수행하는 막중한 직책인 만
큼 철저한 임무 수행을 당부하였다.

　밤 9시가 넘어서 한남동 참모총장 공관으로 왔다. 여기서도 공
관 입구 출입문을 지키는 조그마한 방이 전속부관인 내가 사용할
공간이다. 전화기가 6대 놓인 책상, 작은 소파, 옷장, 침대가 전부다.
그런데 공관 당번 임○○ 일병이 특별한 전화기 한 대를 소개하였
다. 이 전화기는 대통령이 직접 참모총장에게 연락하는 전화로, 받

을 수만 있으며 총장님이 공관 어디에서도 바로 받도록 벨소리가
크게 울린다고 하였다.

　1층 홀에서 공관 근무병과 첫인사를 나눴다. 원주에서 함께 온
김○○ 상병 외에는 기존에 있던 근무병이었다. 밖으로 나가 공관
정문 초병이 근무하는 막사를 찾았다. 육본 헌병대 소속 경비분대
이었다. 내무반과 식당이 있는 건물, 그리고 정원을 돌아 뒤편 창고
건물과 지하 보일러실을 점검하고 나니 내가 야간에 관리해야 할
공간이 너무 넓고 많아 보였다.

　밤 12시 통금 사이렌 소리에 비로소 본연의 나로 돌아왔다. 그
제야 이제는 나 혼자가 아니고 둘인데, 배웅도 하지 못한 채 급히
떠나보낸 신부가 생각났다.

1979년 2월 2일(금)

신임 육군 참모총장, 대통령에게 보직 신고

———

8시 30분 집무실에서 인사와 소개를 받는 면알식이 열렸다. 참모총장 부속실 안에는 수석부관 황 대령과 행정부관 여군 윤○○ 대위의 방이 있고, 그 옆이 전속부관 방이다. 이제부터 내 임무는 수행을 위한 전속부관으로 한정되었다. 원주에서 하던 전속부관 임무 중 행정사무는 윤 대위가 하도록 임무 분장이 되었다.

10시, 대통령에게 보직 신고차 청와대로 갔다. 취임 전 신고해야 하나 대통령의 지방행사 참석 관계로 거꾸로이었다. 17시에는 부임 인사차 최규하 국무총리를 방문하였다.

이제부터는 차량 내에서는 유선 전화로, 차량을 벗어나면 이동식 전화기로 언제 어디서든지 참모총장이 직접 작전 지휘관과 통화해 지도하는 체제를 갖춘 근접 수행이 시작되었다.

1979년 2월 4일(일)

동작동 국립묘지 참배

———

참모총장님은 10시 동작동 국립묘지를 참배하였다. 연초이자 공식 일정이 바쁜 관계로 일요일을 이용할 수밖에 없었다. 현충탑과 육영

수 영부인 묘소에도 참배하였다. 오후가 되어서야 겨우 시간을 내
어 신부에게 서울 이태원동 군인아파트에 신혼살림을 차린다고 전
화하였다.

자주국방을 위한 군사력 재편 계획

1979년 2월 5일(월)
정부 주요 기관장 예방

―――――

참모총장님은 정보 참모부를 필두로 각 참모부 업무 보고를 받고, 취임 인사차 주요 정부 기관장을 예방하기 시작하였다. 지난주 대통령과 국무총리 예방에 이어 오늘은 14시 감사원장을 예방한 후 15시부터는 B-2 벙커에서 작전참모부 업무 보고를 받았다. 참모총장님의 빈틈없는 스케줄을 수행하느라 정신이 없다.

1979년 2월 6일(화)
첫 참모회의 주관

―――――

매주 화요일에 열리는 전체 참모회의를 참모총장님이 처음으로 주관하였다. 장군 참모와 대령급 과장이 참석하는 확대회의인데, 이

날 회의에서 총장님은 훈시를 통해 세 가지를 강조하였다.

첫째, 우리의 지상 과제는 자주국방을 이루는 것이다. 자주국방의 근본은 군인의 기본자세를 확립하는 것이며 이를 위해 개인의 이익보다 국가와 군의 이익을 앞세우자.

둘째, 능률 향상을 해야 한다. 업무를 추진하고 처리하는 과정에서 전투 위주로 생각하고 비능률적이고 불합리한 요소를 과감히 근절하자.

셋째, 참모총장 교체에 대하여 구구한 낭설이 떠도는데, 전임 총장은 군 인사법 개정으로 4년 근무한 뒤 후진을 위해 명예롭게 전역한 것이다. 그동안 소수의 몰지각한 군인이 금품과 연관된 것은 대단히 수치스러운 일이므로 더는 전임 총장에 관한 낭설이 유포되지 않아야 한다.

회의를 마치고 10시 45분 청와대 옆 궁정동 사무실로 이동해 김재규 중앙정보부장을 예방하였다. 위치를 안내받기 위해 사전에 전화해 보니 청와대 방문 때와 마찬가지로 이곳도 비무장으로 방문해야 한단다. 서울에 궁정동이라는 동네가 있음을 처음 알게 되었다.

1979년 2월 7일(수)

매년 100명씩 간부 위탁 교육 지시

———

9시 30분 국회의장을 예방하고, 오후에는 인사참모부 업무 보고를 받았다. 이 자리에서 간부 정예화를 위해 매년 100명씩 국내외 위탁 교육을 시행할 것을 지시하였다. 15시에는 대법원장을 예방하였다.

1979년 2월 8일(목)
박 대통령, 국방부 연두 순시

———————

11시 박 대통령의 국방부 연두 순시에 참석한 참모총장님은 17시 기획관리참모부 업무 보고 때 순시에서의 대통령의 말씀을 소개하였다. 자주국방을 준비할 때 우리 손으로 무기를 만드는 것이 가장

중요하다며 조병창에서 만든 국산 M16 소총 등 신형 무기를 선보이자, 대통령은 중화학공업과 방위산업 육성책이 성공하고 있음에 흡족해하였다. 덧붙여 1962년부터 시작한 경제개발 5개년 계획이 올해로 제4차 계획의 3년 차라고 하였다.

1979년 2월 13일(화)

부총리와 국가안보회의 상임위원장 예방

————

참모총장님은 장군 보직 신고를 받은 후, 두 번째 전체 참모회의를 주관하였다. 오후에 신현확 부총리와 국가안보회의 상임위원장을 차례로 예방하였다. 이로써 부임 다음 날부터 시작된 주요 정부 기관장 방문이 끝났다. 야전 군사령관과는 판이한 행보다.

1979년 2월 20일(화)

인사 운영감실 업무 보고를 받다

————

오늘은 인사 운영감실의 업무 보고를 받는 날이다. 참모총장님은 "인사가 만사임을 명심해야 한다. 장교의 보직과 진급을 공정하게 관리해야 군의 사기를 높이고 전승의 원동력이 된다. 특히 군의 임무는 인재를 육성하여 그들이 전역 후 국가 건설에 기여해야 하므로 교육을 강화해야 한다"라고 강조하였다.

1979년 2월 21일(수)
군정권 시행 부대인 군수사령부 순시

————

부산지역의 군수사를 비롯한 군수 부대를 순시하는 날이다. 총장님은 평상시에는 전쟁에 대비하고 전쟁이 발발하면 군수 물자를 지속적으로 지원하는 군정권이 참모총장 본인의 임무임을 강조하였다. 그 예로 소대장으로 근무했던 6·25 전쟁 경험담을 들려줬다.

"1개 보병대대가 전투하는 데 필요한 급식과 탄약을 운반하려면 족히 노무자 200~300명은 투입되어야 한다. 따라서 군수사령부가 군사력을 건설하는 또 하나의 축이 됨을 명심하라"고 말하였다.

1979년 2월 23일(금)
ROTC 임관식 참석

————

오늘은 문무대에서 ROTC 임관식이 열렸다. 운전기사 장광식 상사와 문무대 위치를 의논하였다. 남한산성으로 가는 길에서 육군 교

도소를 지나 외딴곳에 자리 잡고 있었다.

　오늘 임석 상관은 최규하 국무총리다. 내가 학군단 10기와 같은 해에 임관했는데, 올해 소위 임관자가 벌써 학군 17기생이었다.

1979년 2월 27일(화)
민사군정감실의 업무 보고

───────

오늘은 유사시 계엄 업무를 담당하는 민사군정감실의 업무 보고를 받았다. 총장님은 "비상시나 전시에 육군이 수행해야 할 주요 업무가 대민 통제와 계엄이므로, 계엄법에 의거해 세부 시행 절차를 발

전시켜라"라고 당부하였다. 군령권과 군정권을 가진 막중한 육군 참모총장을 수행하는 부관임을 실감한 배석이었다.

1979년 3월 1일(목)
진춘조 의무실장과의 재회
────────

진춘조 의무실장이 한남동 공관을 방문하였다. 진춘조 소령은 원주에서 사령관님의 건강을 챙긴 바 있었는데, 3년 의무 복무 중 남은 1년 동안 육본 의무실장을 맡게 된 것이다. 사고방식이 건전하고 충성심이 남다른 군의관과 함께할 수 있어 정말 다행스러웠다.

1979년 3월 2일(금)
업무 파악 차 제3군사령부를 순시하다
────────

오늘부터 전방 지역 군부대 업무를 파악하고 격려하기 위한 일정이 이어진다. 가장 먼저 제3군 지역을 순시하였다. 지난 2월 참모차장에서 제3군사령관으로 부임한 이건영 중장으로부터 업무 보고를 받았다. 총장님은 "3군은 수도권을 방어하는 부대로서 유사시 한미 1군단과 협의하여 작전 지휘권을 인수할 방안을 모색하라"고 지시하였다.

1979년 3월 5일(월)
보안사령관 이취임식 참석

────────

8시 10분 장군 보직 신고는 전두환 소장이었다. 육사 11기로서 사단장을 마치고 막강한 보안사령관직에 임명되었다. 보안사령관 이취임식 참석을 위해 나는 장광식 상사와 보안사령부로 가는 길을 확인하였다. 경복궁 건너편의 삼청공원 방향이었다. 오늘은 국방부장관이 임석하였다.

1979년 3월 12일(월)
경호실장 주관, 제1차 경호·경비 대책회의 참석

──────

월요일 아침부터 받아 든 스케줄! 차지철 대통령 경호실장이 주관하는 경호·경비 대책회의에 참석하기 위해 청와대 경호실로 갔다. 카터 미국 대통령 방한에 대비한 경호·경비 대책회다.

중정부장 비서관, 내무부 장관 비서관, 법무부 장관 비서관, 국방부 장관 비서관, 해·공군 참모총장 부관 등이 경복궁 30경비단 담벼락 밑에 줄지어 주차하고 있었다. 나로서는 처음 접하는 수행이다. 그런데 다들 말없이 차 속에서 대기하는 무거운 분위기였다. 높게 쌓은 담장 너머에는 30경비단 부대가 주둔해 청와대를 지키고 있었다.

1979년 3월 13일(화)
수도권 방어의 제1선인 제1군단 지역 순시

──────

아침부터 헬기를 타고 수도권 서부지역을 맡은 제1군단 부대를 순시하였다. 총장님은 근무 경험이 풍부한 1군 지역보다 근무 경험이 적고 종심이 극히 짧아 전선 방위에 중요한 전방 1군단사령부와 예하 1사단 및 25사단, 그리고 9사단을 우선 방문하였다. 특히 북괴군

이 파 놓은 제3땅굴을 견학하였다.

1979년 3월 21일(수)
박 대통령에게 군사력 재편 계획 보고

———

지난 2월 1일 총장 부임 후 참모부와 부대를 순시하며 업무 보고 받은 것을 토대로 수립한 전시 대비 군사력 재편 계획을 박 대통령에게 보고하였다. 참모총장 재임 중 육군의 전력 증강 방법과 전시 대비 태세 완비 계획을 밝히는 자리다. 보고가 흡족했는지 돌아오는 차 안에서 기분이 아주 좋아 보였다.

1979년 3월 31일(토)
전군 주요 지휘관회의 주재

———

오늘은 대통령에게 보고한 군사력 재편 계획을 실천하기 위한 지침을 육군 전 주요 지휘관에게 하달하는 회의를 주관하였다.

카터 미 대통령 방한으로 불거진
주한미군 철수 문제

1979년 4월 4일(수)

미 육군 참모총장에게 미군 철수 계획 철회 요구

총장님은 어제 육군사관학교 제35기 졸업식에 이어 오늘은 공군사관학교 제33기 졸업식에 참석해 졸업생들을 격려하였다. 오후에는 방한 중인 미 육군 참모총장 로저스 대장을 접견하였다.

총장님은 이 자리에서 카터 대통령의 주한미군 철수 계획을 철회할 것을 요구하였다. 이어 저녁에는 용산 미군 기지 내 하텔하우스에서 열린 만찬에도 참석하였다.

1979년 4월 16일(월)

제2차 경호·경비 대책회의 참석

월요일 오전 경호실장이 주관하는 경호·경비 대책회의에 참석하였

다. 오늘은 이임하는 해·공군 참모총장을 격려하는 자리도 겸하는
것 같았다.

　　우리 수행원들은 경호실 정문 안내실에서 대기하였는데, 중정
부장 수행비서관 박흥주 대령이 보이지 않았다. 경호실 분위기는
지난 1차 회의 때보다 한결 부드러웠다.

1979년 4월 21일(토)
내 인생의 큰 기쁜 소식
─────

개인의 삶을 잊은 채 바쁘게 생활해 오던 토요일 밤, 통금 사이렌이
울리고 난 후에야 야간 통행증이 있는 차를 타고 집으로 향하였다.
신혼임에도 밤에만 만나야 하는 우리 부부에게 첫아기가 생겼다는
정말 기쁜 소식이 기다리고 있었다. 고향의 부모님께 전화로 이 소
식을 전하고 싶었지만 참아야 하였다. 총장 전속부관의 아파트에는
전화기가 설치되어 있지만, 내 고향에는 없었다.

1979년 4월 24일(화)
우리 역사와 문화에 대한 연구가 시작되다
─────

오늘은 육군 예·배속 부대가 아닌 기관을 방문하였다. 수색에 있는 국군정신전력학교*에 방문한 뒤 정반대인 남쪽에 위치한 성남시 운중동의 한국정신문화연구원**으로 이동하였다. 작년 6월 30일에 개원한 우리 역사 문화 연구기관이다. 외지에 위치했지만 명당자리로 보였다.

　　돌아오는 차 안에서 총장님은 "김일성 공산 체제와 싸워 이기기 위해서 우리 역사와 문화의 뿌리를 깊게 연구하는 것이 중요하다. 주체적 역사관과 건전한 가치관을 정립하고 민족 문화를 창달하는 박 대통령의 예지력이 뛰어나다"고 격찬하였다.

1979년 4월 25일(수)
새로운 수행 경호장교가 전입 오다

───────

그동안 총장님의 수행 경호장교로 근무하던 한○○ 대위가 전출가고 김인선 대위가 전입왔다. 김 대위는 총장님이 1군사령관 시절 경호장교로 근무한 경험이 있다. 같이 근무했던 후배 군인과 생사고락을 같이하게 되어 다행이라고 생각하였다.

*　　1977년 창설된 이후 현재는 국방정신전력원으로 명칭이 바뀌었다.
**　한국학중앙연구원의 전신이다.

1979년 4월 26일(목)

헬기에서 내려다본 국방과학연구소

―――――

오전에 방한 중인 전 한미1군단장 쿠시맨 예비역 중장을 접견하였다. 수석부관은 카터의 주한미군 철수 계획을 철회하기 위해 방한한 것이라고 말하였다. 그리고 헬기로 이동하여 무기를 연구 개발하는 국방과학연구소(ADD)의 이사회에 참석하였다. 하늘에서 내려다본 연구소는 적의 폭격으로부터 자연 방호될 정도로 완벽한 지형지물이었다.

1979년 4월 27일(금)

갑자기 열린 국가안전보장회의

―――――

오늘은 오전에 헌병 단위대장 회의에 참석하는 것 외에는 다른 스케줄이 없었는데, 갑자기 오후에 국가안전보장회의가 열렸다. 경호실에서 신임 해군 총장 전속부관 오○○ 대위와 공군 총장 전속부관 김○○ 대위와 인사함으로써 새로운 진용을 갖추었다.

1979년 5월 8일(화)

전 미 합참의장과 전 한미 1군단장 접견

오후에 전 미 합참의장 무어러 예비역 해군 대장과 전 한미 1군단장 홀링스워스 예비역 육군 중장을 접견하고, 저녁에는 육군회관에서 만찬을 베풀었다.

　　지난 4월부터 한국군 방어를 맡아왔던 미 육군총장, 합참의장을 비롯해 역대 주한 한미 군단장들이 대거 방한하고 있다. 이들은 우리 국방부 장관과 육군 참모총장을 만나 카터 대통령의 부당한 주한미군 철수에 관해 의논하는 것 같았다. 특히 서부지역에 대한 전·평시 작전지휘권을 갖고 지휘했던 전직 한미 1군단장의 방한은 더욱 주한미군 주둔의 필요성을 역설하고 있었다.

1979년 5월 10일(목)

경호실장의 경호 휘장 수여식에 참석하다

카터 대통령의 방한을 앞두고 주한미군 철수에 관한 반대 의견이
나오는 한편으로 경호·경비 대책회의 및 모임도 자주 이뤄지고 있
다. 오늘은 이례적으로 퇴근 시간인 17시에 총장님을 경호실 정문
으로 모셨다.

　　그런데 나중에 알고 보니 경호·경비 대책회의를 위한 자리가
아니었다. 경호실장이 본인의 집무실에서 육·해·공군 참모총장만
초대해 3군 총장들에게 대통령 경호 휘장을 수여하고 저녁 식사를
베푸는 행사였다.

1979년 5월 15일(화)

경호실장의 월권이 드러나다

———

행정장교 윤 대위가 건네준 스케줄에 따르면, 오늘도 차지철 경호실장이 주관하는 경호·경비 대책회의에 참석하는 일정이었다. 그런데 10시쯤 경호실에서 대통령 경호 휘장을 달고 오라는 연락이 왔다. 그동안 총장님 스케줄에 따라 정복 등 복장을 꼼꼼히 챙겨왔지만, 그런 휘장을 본 적이 없었다. 총장님에게 상황을 보고드렸더니 책상 서랍을 열어 보고는 "여기 있으니 알았다"고 하기에 그냥 나왔다. 이내 차례로 해군 총장 전속부관 오 대위와 공군 총장 전속부관 김 대위가 전화를 걸어와 "육군 총장님도 경호 휘장을 달았냐"고 물어서 "달고 가지 않는다"라고 답하였다.

경호 휘장 패용 문제로 한동안 부산을 떤 후 경호실에 도착하였다. 경복궁 담벼락에 차를 세우고 밖으로 나왔더니 오늘은 어쩐 일인지 경호실 요원이 차 안에서 대기하라고 하였다. 그래서 에어컨을 켜고 대기하려 하자 시동을 끄라고 하였다. 결국 중정부장 수행원이 나와서 경호실 요원과 실랑이를 벌이는 촌극이 발생하였다. 오월의 뙤약볕이 아스팔트에 내리쬐는 경복궁의 높은 담벼락 밑, 그늘도 없는 곳에서 영문도 모른 채 1시간 동안 생고생을 하였다.

이날 이후 '경호 휘장'의 실체를 알게 되었다. 이는 대통령이 하사한 것이 아니라 경호실장이 자체 제작한 것으로, '대통령 경호실장'이라는 문구가 새겨져 있었다. 참모총장님은 차지철 경호실장이 식사초대 때 달아준 경호 휘장이 못마땅했는지 부관인 내게 주지 않고 집무실 책상 서랍 속에 넣어 두었던 것이다. 그 후 3군 참모총장 전속부관들은 카터 미 대통령 방한에 대비해 경호실이 경호·경비 대책회의를 열 때마다 이 휘장을 수행 가방 안에 챙겼으나, 각군 참모총장의 복장에는 달지 않았다.

특히 경호·경비 대책회의 운영을 두고 구설수가 많았다. 위원장인 경호실장이 서열상 국무위원(내무부 및 법무부 장관), 중정부장보다 하위임에도 상석에 앉아 부하 거느리듯 회의를 운영한다는 것을 우리 수행원까지도 알게 되었다.

1979년 5월 18일(금)

청와대 방위산업 진흥 확대회의 참석

——————

오후에 박 대통령이 직접 주관하는 방위산업 진흥 확대회의에 참석하였다. 공관으로 돌아오는 차 안에서 총장님과 동석한 수행 참모 기획관리부장은 "미국이 자국의 이익에 따라 주한 미 7사단을 철수해 어려움을 겪을 수 있었는데, 박 대통령이 자주국방에 대한 의지로 중화학공업과 방위산업을 끌고 온 용단이 빛을 발하였다"고 자랑하였다.

카터 대통령의 주한미군 철수 요구를 계기로 방위산업을 육성한 박 대통령의 선견지명이 다시 한번 돋보였다.

1979년 5월 20일(일)

박 대통령 참석 하에 열린 한미 친선 골프 모임

——————

오늘은 일요일이다. 태릉 골프장에서 이임하는 베시 한미연합군 사령관을 환송하는 골프 모임이 거행되었다. 베시 사령관은 1976년 10월부터 3년간 복무하면서 한미동맹의 상징인 한미연합군을 작년에 창설하였다. 그런데 베시 사령관 등 주한미군 주요 지휘관들이 교체되는 상황이 계속되고 있다.

　　박 대통령은 한미 수뇌부의 친선 골프 모임에 이어 만찬에도 직접 참석하였다.

1979년 5월 25일(금)

힐탑하우스 조찬회의 참석

————

이임하는 베시 한미연합사 사령관의 관저인 힐탑하우스 조찬회의에 참석하였다. 긴박하게 돌아가는 카터 미 대통령 방한 일정에 따른 대책회의인지 모르겠으나, 중요하고도 긴박한 현안처럼 보였다.

1979년 5월 28일(월)

궁정동 중정부장 주최 만찬

8시, 총장님은 최○○ 소장의 파견 신고를 받고 전·후임 공군 참모차장을 접견하였다. 그 외에 다른 출타 계획은 없었다. 그런데 16시 총장 수석부관이 비무장으로 경호 없이 총장님을 궁정동 중정부장 사무실로 모시라고 하였다.

지난 봄에 총장 부임 인사차 방문했던 터라 장광식 상사가 능숙하게 길을 찾았다. 대문이 열리고 총장님이 하차한 후, 우리는 대기실에서 기다렸다. 20시경 벨소리가 나서 밖으로 나갔지만, 중정부장 수행비서관 박흥주 대령이 "들어가서 대기해라"라고 해 다시 대기실로 들어갔다. 결국 23시가 넘어서야 중정 안내원의 승용차를 따라 연희동 어느 주택가 골목의 2층집에 도착해 저녁을 먹었다.

2주 전 경호실장은 3군 참모총장을 별도로 초청해 휘장을 수여하고 만찬을 베푼 바 있다. 경호실장과 경쟁하듯이 중정부장도 만찬을 열어 3군 참모총장을 환대하였다. 초급 장교인 나로서는 3군 참모총장의 위상이 새롭게 느껴졌다.

1979년 5월 31일(목)
군사력 재편 계획을 다시 보고하다

————

오전에 미 2사단장으로 근무했던 그레인지 소장이 이임 인사차 내방하였다. 총장님은 의장대 사열식을 열어 한국 방어 임무 수행을 한 그의 노고를 치하하였다. 오후에 국방부 장관과 청와대로 동행해 지난 3월 총장 복무 계획 보고 시 대통령께 약속했던 군사력 재편 계획 수립을 보고하였다.

1979년 6월 12일(화)
군사력 재편 후속 조치 계획에 만족한 박 대통령

————

총장님은 9시 국방부로 갔다가 14시에는 국방부 장관의 차량에 동승해 청와대로 갔다. 지난번 대통령에게 보고한 80년대의 군사력 재편 계획 및 지시 사항에 대한 후속 조치 계획을 보고하기 위해서다.

　　총장님이 보고를 끝내자, 박 대통령은 자리에서 일어나 악수를 청하면서 "이제야 내가 기대하던 군사력 증강 방향이 나왔구먼!" 하고 기뻐했다고 총장님이 자랑하였다.

1979년 6월 18일(월)

군사력 재편을 위한 80위원회 설치

———

총장님은 대통령에게 보고한 군사력 재편 방향을 구체화하기 위한 행보를 이어갔다. 가장 먼저 1980년대 10년에 걸쳐 육군의 군사력을 재편하고 중장기 계획을 수립할 위원회를 설치하였다. 기존에 설치한 80위원회를 증편하여 유학성 중장을 위원장으로, 핵심 기획 연구책임자로 임동원 준장을 임명하였다.

이날 총장님은 박 대통령이 1·21 사태 및 10월 유신 이후부터 추진해 온 자주국방의 핵심인 군사력 건설이 현실화되고 있다고 말하였다. 또한 주한미군 철수에 대비해 앞으로 10년 동안 실시할 군사력 재편의 핵심은 장교의 질을 획기적으로 혁신하는 데 있음을 강조하고, 유형의 전력 증강에 맞추어 이를 운영할 군부대를 재편성하고 인재 육성 계획을 마련하라고 지시하였다.

1979년 6월 19일(화)

제4차 경호·경비 대책회의 참석

———

계속되는 카터 대통령 방한 일정에 따라 11시에 경호실장 주관 하의 경호·경비 대책회의가 열렸다. 오늘은 국방부 장관 비서관과 3

군 참모총장 부관만이 수행하였다.

1979년 6월 28일(목)
방한 하루 전 열린 최종 경호·경비 대책회의

———————

이임 인사차 방문한 주한 미 해군사령관 햄 소장을 접견하고 격려하였다. 굳건한 한미동맹의 주역이었던 주한미군 주요 지휘관들이 대거 교체되는 불안한 정황이 계속되고 있다.

11시 40분에는 **6월 29일 카터 미 대통령 방한**을 앞두고 경호실장이 주재하는 최종 경호·경비 대책회의에 참석하였다. 청와대 경호실에서 오찬한 뒤 참모총장님은 1군단 사령부를 순시하였다.

1979년 6월 30일(토)
카터 대통령 방한 환영 행사

———————

2박 3일 일정으로 방한한 카터 미 대통령의 환영 행사가 9시 여의도 광장에서 열려 총장님도 참석하였다. 카터 대통령과 박 대통령은 여의도 광장에서부터 청와대까지 오픈카를 타고 시가행진하였다.

분단된 조국의 현실은 여전히 북한 공산주의자의 남침을 사전에 억지抑止하는 것이다. 우리 손으로 자주국방력을 갖출 때까지 인계철선引繼鐵線 역할을 해온 주한미군 철수를 막기 위한 대통령과 우리 군의 노력이 지난해 보였다.

1979년 7월 1일(일)
역대 주한미군 장군, 미군 철수를 반대하다
———

카터 대통령의 환송 행사에 참석한 후 돌아오는 길에 총장님은 "베시 주한미군 사령관과 방한한 역대 주한미군 장군들이 한결같이 카터의 철군을 반대한다"라며 이들이 한미동맹의 진정한 친구이자 군인이라고 극찬하였다.

참으로 기나긴 미국 대통령의 방한이었다.

긴박한 안보 상황과 정국 혼란 대비

1979년 7월 4일(수)

제0문서고에서 작전회의를 주재하다

총장님은 어제에 이어 오늘도 8시 30분부터 제0문서고에서 작전회의를 주재하였다. 카터의 철군 정책에 대한 대비책을 마련하라는 박 대통령의 지시에 따른 회의다.

　　18시 육군회관에서는 김종환 합참의장이 이임하는 베시 사령관을 위해 주최한 리셉션이 열렸는데, 많은 한미 장성이 참석하였다. 20시 국방부 장관 공관에서도 국방 수뇌부만 참석한 가운데 만찬이 열렸다. 예복 차림의 동영부인同令夫人들은 카터 미 대통령의 철군 정책에 반대한 베시 사령관에게 극진한 감사 인사를 하였다.

1979년 7월 5일(목)

베시 사령관의 기자회견 및 유엔사 방문

11시 베시 사령관의 이임 기자회견 소식이 전해졌다. 베시 사령관은 기자회견에서 "북괴 군사력에 대비한 최선책은 한국군의 무기체계를 개선하고 전투 및 예비 병력의 전투력을 향상하는 것이다. 전투력 증강을 위해서는 한미 양군의 연합훈련이 중요하므로 주한미군 철수는 남북간 군사력 균형을 저해하지 않은 범위 내에서 이루어져야 한다"라고 주장하였다.

지난 수개월 동안 전현직 주한미군 장군들이 방한하여 카터의 철군 정책에 이의를 제기했던 것으로 확인되었다. 이 일로 인해 베시 사령관은 미 육군 참모차장으로 좌천되었음에도 군인으로서의 소신과 기개를 밝히는 용기가 대단하였다.

1979년 7월 9일(월)
국방부에서 열린 국내외 정세 보고에 참석하다

오늘도 긴박한 스케줄이다. 10시에 국방부 804호실에서 열리는 국내외 정세 보고에 참석하고, 헬기로 이동해 월미도에 정박한 제7함대 사령부를 방문한 다음 15시부터 국방부 합동참모회의에 참석하여 율곡 계획을 논의하였다. 카터는 선거 공약 차원에서 주한미군 철군을 내세웠지만, 우리에게는 나라의 운명이 걸린 문제였다.

1979년 7월 10일(화)

유엔군 사령관 이취임식

베시 사령관 후임으로 위컴 육군 대장이 부임하였다. 17시 육본 광장에서 열린 베시 사령관을 환송하는 육·해·공군 합동의장대 행사에 이어 베시의 김포공항 출국 환송 행사에 참석하였다.

1979년 7월 20일(금)

카터 방한 후, 대통령에게 군 대비책 보고

오전에는 육군대학 제25기 정규과정 졸업식에, 오후에는 박 대통령이 주재한 카터 대통령의 철군 정책에 대비한 율곡 계획 보고에 참석하였다. 이어서 총장님은 대통령에게 별도로 80년대의 군사력 재편 계획과 장교 자질 혁신 방안을 보고하였다.

보고의 핵심 내용은 주한 미 지상군이 철수할 경우 북괴의 기습 남침 시 미 해·공군 전력이 전개할 때까지 우리 군이 72시간을 버티는 대비책이다. 2개의 상비사단과 10개의 동원사단을 창설하는 군사력 재편 계획이었는데, 대통령은 격찬하였다고 하였다.

1979년 8월 3일(금)

신임 유엔군 사령관 환영 만찬에 참석하다

————

17시 하기식에 참석한 뒤 저녁에는 신임 위컴 사령관을 환영하기 위해 한미동맹의 민간단체인 한미친선협회장이 베푸는 만찬에 참석하였다.

1979년 8월 7일(화)

박 대통령, 인권보다 국가안보를 역설

————

박 대통령이 역대 국방부 장관 및 각 군 참모총장을 청와대 영빈관에 초대하였다. 카터의 철군 정책을 조율하고 막후 역할한 것을 치하하는 자리였다. 역대 한국군 원로와 역대 주한미군 장성들이 한결같이 주한 지상군 철수가 시기상조임을 건의한 결과, 카터 대통령은 철군 정책을 보류하기로 하였다고 한다.

대통령은 "3,700만 명의 안전이 개인의 인권보다 중요하다"며 국내 인권 문제에 대해서도 의견을 피력하였다. 현 시국에서는 가난으로부터 탈피하는 것이 개인의 자유보다 중요함을 강조하였다고도 하였다. 나에게는 '가난 퇴치를 위한 부국강병이냐? 개인의 자유를 누리는 인권이냐?'의 균형을 찾는 문제로 보였다.

1979년 8월 11일(토)

YH 사건 강제 진압으로 정국 혼란

지난 8월 9일 국내 최대 가발 수출업체인 YH무역의 여성 노동자 170여 명이 회사 운영 정상화와 근로자 생존권 보장을 요구하며 신민당사 4층 강당에서 농성을 벌였다. 11일 새벽 경찰의 강제진압으로 노동자 한 명이 추락해 사망하는 사건이 발생함으로써 정국이 극도의 혼란에 빠졌다.

1979년 8월 14일(화)

전군 학교장 회의 주재

9시에 전체 참모회의와 14시에 전군 학교장회의를 주재한 자리에서 총장님은 북한과 싸워 이길 수 있는 전투력의 핵심은 간부의 지휘 능력임을 강조하였다. 군의 초급 간부가 대부분 단기 복무자임을 고려할 때 이들이 군 복무 후 학교 선생으로 진출하면 국가 인재 양성에도 기여하고 유사시 예비군으로 동원함으로써 전력을 강화하는 방안이라고 대통령에게 보고하였다고 전하였다.

　　아직 검토 단계에 있지만 대통령이 역점적으로 추진한 방위산업 육성과 율곡 계획에 맞추어 간부 자질을 향상할 수 있는 대책도

병행해야 함을 강조하였다.

1979년 8월 16일(목)

유사시 기동 부대인 특전사 순시

―――――

총장님은 특전사령부를 순시하면서 "특전사령부는 국군 통수권자
인 대통령이 유사시 신속히 기동해 작전을 전개할 수 있는 유일한
부대임을 알고 기동 및 전개 훈련을 강화해야 한다"라고 하였다. 특
전사령부와 제3여단은 신촌리 비행장과 가까운 남한산성 아래에,
제1·5·9여단은 김포공항 부근에 주둔하고 있는 이유를 알아야 한
다고 강조하였다. 이어서 제3공수여단 최○○ 준장과 제1공수여단
박○○ 준장, 제9공수여단 윤○○ 준장, 제5공수여단 장○○ 준장
을 차례로 방문하고 격려하였다.

1979년 9월 1일(토)

육군 소령으로 진급 신고하다

―――――

국군의 날 행사를 진두 지휘할 제병 지휘관으로 오○○ 소장을 임
명 신고하고, 이어서 나도 소령으로 진급 신고하였다.

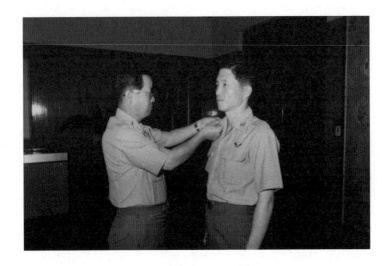

1979년 9월 5일(수)

종합행정학교와 육군 교도소 순시

_____

육군 종합행정학교를 방문한 자리에서 총장님은 1968년 1·21 사태 이후 창설위원장이자 초대 학교장으로 근무했던 곳이라고 회상하였다.

　　이어서 길목에 있는 육군 교도소를 처음 순시하였다. 육군 교도소는 1949년 육군 형무소로 출발해 6·25 전쟁을 거친 뒤 1962년 이곳 성남 남한산성 자락에 터를 잡고, 지난 7월 1일 육군 교도소로 통합되었다고 하였다. 관할 부대가 참으로 많다.

1979년 9월 7일(금)

서빙고 대공분실 방문

———

국군 보안사에서 운영하는 서빙고 대공분실을 방문해 보고를 받았다. 대공분실은 육군 참모총장 관할 하에 있는 부대가 아니라 국방부 산하기관이다. 민가 지역 깊숙한 곳에 자리했는데, 어쩐지 으쓱한 분위기였다.

1979년 9월 12일(수)

간부 정예화가 전승의 요건임을 훈시하다

———

9시 전체 참모회의 석상에서 다시 한번 현시점에서 전쟁이 났을 때 전승의 지름길은 간부의 정예화라고 강조하였다. 그 예로 부대 복무 중인 간부의 대내외 교육기관 파견 한도를 현 11퍼센트에서 20퍼센트까지 올리더라도 간부 교육을 강화하고, 특히 장기 복무자는 3~5년 주기로 재교육을 실시하라고 지시하였다.

1979년 9월 27일(목)

육군 교육사 창설 계획 보고

오늘은 국방부 장관에게 교육사 창설안을 보고하였다. 사령부는 6·25 전쟁 중에 부산에서 창설한 후 1960년 20개 학교를 운영하는 전투병과 사령부로 개편하여 현재까지 운영해 왔다. 80년대에는 방위산업으로 무장한 신무기 체계에 맞는 교리와 교육을 발전시키는 사령부로 확대 개편하는 내용이다. 이 혁신안은 총장 부임 후 박 대통령에게 보고 드린 복무 계획 중 핵심 군사력 재편성 계획의 일부다.

1979년 10월 1일(화)
국군의 날 기념행사에서 담화문 발표

국무총리 주관 행사로 제31회 국군의 날 기념행사가 거행됐다. 대신 박 대통령은 담화문을 통해 "북한 공산집단은 북한동포 민생에는 가혹한 희생을 강요하면서 무력 남침 준비를 강화하고 있다. 이러한 현실을 직시해야 한다. 이 시대의 역사적 소명은 국토 수호와 3,700만 명의 생존권을 지키는 것이다"라고 말하였다. 이어 유신 체제는 지난 4반세기 동안 노출된 자유민주주의의 취약점을 보완하여 우리 실정에 맞는 체제로 개혁하고자 용단을 내린 것이라며 그 정당성을 피력함과 동시에 국민의 총화단결을 강조하였다.

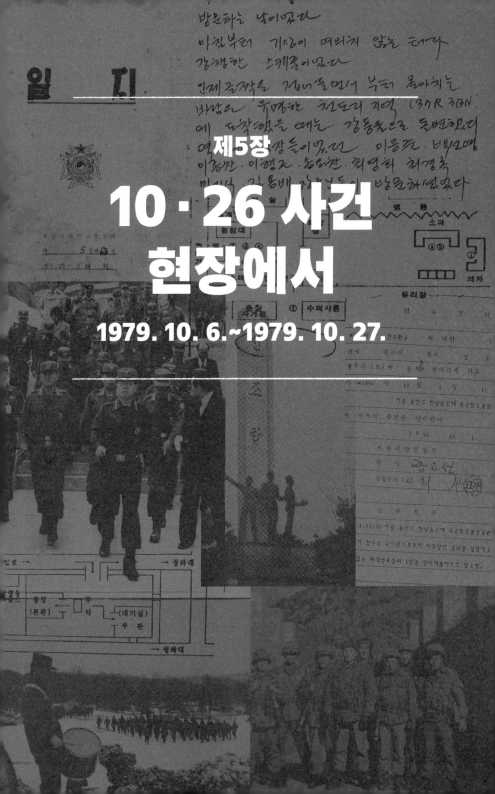

제5장

10 · 26 사건
현장에서

1979. 10. 6.~1979. 10. 27.

부산·마산지역 비상계엄령 발령

1979년 10월 6일(토)
공고한 한미 군 수뇌부

————

8시, 전역하는 헌병감 김○○ 소장과 신임 헌병감 김○○ 준장의 보직 신고를 받았다. 12시에 위컴 유엔군 사령관과 힐탑하우스에서 오찬회의를 한 뒤 한미 수뇌부가 8군 골프장에서 라운딩하였다.

1979년 10월 7일(일)
모처럼 아내와 시간을 보내다

————

총장님의 막중한 스케줄에 따라 수행에 전념하는 동안, 사랑하는 아내는 벌써 임신 8개월째다. 12월이 출산예정일이다. 모처럼 집에서 TV를 보는데, 10월 4일 김영삼 신민당 총재가 국회의원직에서 제명되면서 사회 분위기가 어수선하였다.

1979년 10월 10일(수)

다시 힐탑하우스 오찬회의 참석

———

위컴 유엔군 사령관 관저에서 열리는 오찬회의에 참석하였다. 지난 6월 방한했던 카터 대통령의 주한미군 철수 보류에 관한 회의인지, 북한군의 무력 증강 정세에 대한 논의인지는 모른다. 하지만 심상치 않은 회동처럼 보였다.

1979년 10월 16일(화)

23시에 청와대로 모시다

———

8시 고등군법회의의 재판장으로 임명된 최○○ 소장의 신고를 받은 후, 10시부터 헬기를 이용해 보병 제35사단을 순시하였다. 저녁에는 한남동 총장 공관 내 전속부관 방에서 대기하고 있는데, 23시가 넘은 시각에 총장님이 청와대로 가자고 하였다.

1979년 10월 17일(수)

부산·마산지역 소요 사태로 긴박하게 돌아간 하루

———

어제 부산에서 발생한 학생 소요 사태*가 심각하다는 보고가 있었다. 총장님은 아침부터 참모차장에 이어 참모부장과 연속적으로 회의를 한 뒤, 11시경 국방부 청사 장관실을 방문해 부산·마산지역의 학생 시위에 대처하였다. 만약의 사태에 대비하여 비상계엄령 발령 시 평소 훈련한 대로 준비하는 과정이 사전에 이뤄지고 있었다.

오후가 되자, 학생 소요 사태가 폭력화되어 경찰차가 소실되는 등 상황이 심각하다는 보고가 들어왔다. 총장님은 18시에 방한 중인 브라운 미 국방부 장관을 위한 만찬자리에 함께한 뒤, 21시 청와대에서 열린 긴급회의에 참석하였다. 육군본부로 돌아와서 상황 조치를 하고, 22시 30분 신촌리 비행장으로 갔다. 이미 제3공수여단 병력이 비행장에 도착하여 군 수송기에 탑승 대기 중이었다. 총장님은 23시 마지막 수송기가 이륙하는 것을 확인한 뒤 육군본부로 돌아왔다.

칠흑 같은 어둠과 요란한 비행기 소리에도 아랑곳없이 명령에 따라 신속히 움직이는 군대의 기동성을 목격하면서 문득 지난 8월 특전사령부를 방문했을 때 총장님의 말씀이 떠올랐다. "유사시 신속히 기동해 작전을 전개할 수 있는 유일한 기동 부대는 제3공수여단이다."

---

* 1979년 10월 16일 부산대학교에서 일어난 유신 정권 반대 시위를 말한다. 이 시위가 부산과 마산지역으로 확산되면서 부마민주항쟁이 일어났다.

　　10월 18일 0시부로 부산지역에 비상계엄령, 마산지역에는 위수령
이 발령되었다.

1979년 10월 18일(목)
심야에 박 대통령이 전화하다

————

8시 안○○ 소장의 주미 국방무관 보직 신고를 받고, 10시 50분 한
미 안보회의차 방한 중인 브라운 미 국방부 장관을 위한 3군 의장
행사에 참석하였다. 15시 30분에는 대통령이 주재한 부산지역 비
상계엄령 대책회의에 참석하고 돌아왔다.

　　심야에 공관 직통 전화 벨이 울려서 나는 1층 대홀에 비치된
특수 전화기 쪽으로 뛰어갔으나 공관 근무병 김 병장이 먼저 수화
기를 들었다. 동시에 2층에 있던 총장님도 수화기를 들어 대통령의
전화를 받았다.

1979년 10월 20일(토)
부산 및 마산지역 순시

————

아침부터 헬기로 부산지구 계엄사령부가 설치된 군수사를 방문하

였다. 오늘은 작전 참모부장과 민사군정감이 동행하였는데, 이번 소요 사태는 여느 때와 달리 남포동 번화가 일대에서 일어났으며 학생 시위대에 민간인이 함께 참여하였다는 보고를 받았다.

이 자리에서 총장님은 계엄군 지휘관에게 절대 실탄을 지급하지 말고 공포탄을 휴대하더라도 장전하지 말도록 지시하였다. 이는 대통령의 특별 당부임을 힘주어 말하였다.

1979년 10월 21일(일)
극비리에 대통령에게 직보하다
———————

총장님은 극비리에 박 대통령을 독대한 자리에서 어제 부산 및 창원지역을 순시하면서 직접 관찰하고 보고 받은 소요 사태 상황과 민심을 보고하였다.

총장님은 박 대통령이 5·16 시절 방첩대장 때 대면한 이후 처음으로 진지하게 상황 보고를 경청하였다고 전하였다.

1979년 10월 24일(수)
국방부 장관의 순시에 동행하다
———————

8시 총장님은 전체 참모회의를 주재한 후, 국방부 장관과 함께 제2군사령부와 군수사령부를 순시하였다. 시위대의 관공서 방화와 폭력에 대한 대비책으로 고심한 하루였다.

1979년 10월 25일(목)
국가 비상사태에 대비한 참모총장 훈시문 하달

————

어제 전체 참모회의 석상에서 훈시한 내용을 '국가 비상사태에 대비한 군 간부의 자세'라는 제목의 참모총장 훈시 제17호를 전 군에 하달하였다. 시위대의 폭력 행사 및 관공서 기물 파손으로 마비된 치안을 확보하기 위해 부산지역에는 부분 비상계엄령을, 마산지역에는 위수령 발령 등으로 군 병력 출동이 불가피하였음을 역설하였다.

　이번 사건은 치안을 관리하지 못한 경찰과 행정 및 사법기관 등 1차 기관에 책임이 있으나, 1차 기관이 감당하기 불가능할 때는 국가적 요청에 따라 군이 사태를 예방하고 해결하여 대다수의 선량한 국민을 보호해야 한다고 하였다. 육군의 장성급 장교를 비롯한 전 간부는 국가의 안위와 대다수의 국민을 보호한다는 자세를 견지함으로써 진압 시 국민을 탄압하거나 위협하기 위한 것이 아님을 자각하여 더욱 자숙하고 모범을 보일 것을 강조하였다.

　특히 부산·마산지역에 출동하는 모든 장병 한 사람 한 사람에

게 철저한 교육을 시켜 절대 선량한 시민에게 폭행을 가하거나 위
협을 가해서는 안 된다고 지시하였다.

10·26 사건이 발생한 궁정동 현장

1979년 10월 26일(금)

12:00

정오 뉴스를 통해 대통령의 일정을 알다

———

총장님은 출타 계획 없이 집무실에 있었는데, 육군본부 장군 식당에서 정오 뉴스를 보던 중 박 대통령이 삽교호 준공행사에 참석한 것을 알게 되었다. 시국이 어수선한 시기에 군령권을 가진 육군 참모총장이 국군 통수권자의 일정을 놓쳤다.

16:15

수석부관이 중정부장 사무실로 수행 지시

———

16시 15분, 수석부관실 전화벨이 울렸다. 수석부관이 총장실로 들어가 보고한 후 나오더니 "18시 30분까지 총장님을 궁정동 중정부장 사무실로 모셔라"라고 하면서 "궁정동이 어디 있는지 아느냐?"

고 물었다. 나는 안다고 답한 뒤, 공관 근무병 김 병장에게 전화를 걸어 외출 준비를 지시하고 운전기사 장광식 상사에게도 연락하였다.

17:10
총장님, 궁정동 위치를 묻다
———————

육군본부 현관에서 총장님을 모시고 한남동 공관으로 출발하였다. 정문에서 연합사 정문을 지나 옛 콜트 장군 동상 삼거리를 지나는데, 총장님이 "전에 한번 가봤지? 궁정동에 있는 식당!"이라고 하길래, "궁정동은 중정부장 사무실입니다"라고 대답하였다. 총장님은 "틀림이 없느냐?"라고 다시 물었다. 틀림없다고 답하자, 총장님은 분명히 궁정동이라고 들었으니 그리로 가자고 하였다.

　　한남동 공관에 도착하자마자 나는 중정부장 수행비서관 박흥주 대령에게 전화를 걸어 확인했더니 비무장하여 총장님을 모시고 궁정동 사무실로 오라고 하였다. 나는 경호장교 김인선 대위에게 "오늘 야간에는 총장님을 경호하지 않는다"라고 지시한 후, 장광식 상사에게는 비무장으로 궁정동 중정부장 사무실로 총장님을 모실 준비를 하라고 말하였다.

　　그리고 아내에게 전화해 "오늘은 먼 곳에 다녀와 늦을 것이므로 기다리지 말고 일찍 잠자라"고 당부하였다. 지난 5월 모임처럼 밤늦게까지 식사할 것으로 예상해 멀리 간다고 말하였다.

18:00

한남동 공관에서 궁정동으로 출발

———

18시 공관에서 총장님이 차에 탑승하자마자 나는 궁정동은 연희동 식당이 아니고 중정부장 사무실임을 보고하였다. 남산 순환도로를 따라가다 남대문을 거쳐 광화문, 효자동 사거리에서 세검정 방향으로 진행해 중정부장 사무실에 도착하였다.

　　높은 담벼락의 정문 초소 경비원이 문을 열고 나와서 신분을 확인하고 안으로 승용차를 안내하였다. 중정원*의 안내로 총장님이 안으로 막 들어서는데, 승용차 한 대가 뒤따라 들어왔다. 승용차에서 내린 사람은 사복을 입고 있었는데, 총장님을 모르는 것 같아서 순간 나는 "참모총장이십니다"라고 말하였다. 그랬더니 총장님과 악수하면서 함께 집 안으로 들어갔다.

18:35

궁정동 부속 건물에서 대기하다

———

* 　중앙정보부 요원의 준말이다.

도착 후 참모총장의 크라운 승용차는 밖으로 나갔다. 나는 지난 5
월의 방문 때와 같이 중정원의 안내에 따라 중정부장 사무실 건너
편 부속 건물 대기실에서 기다렸다. 대기실에는 사복을 입은 요원
이 한 명 있었다. 내가 먼저 인사했더니 답례하는 둥 마는 둥 하기
에 나는 벽에 걸린 TV로 시선을 돌렸다. 경호실 대기실과 마찬가지
로 침묵이 흘렀다. 나는 이곳에서 총장님이 중정부장과 만나 다른
곳으로 저녁 식사를 하러 갈 것으로 생각하였다.

대기실 TV는 벽 쪽에 조금 높게 설치되어서 소파에 앉아 위를
쳐다보면서 시청하였다. 얼마 후 또 한 명이 안쪽 문으로 들어와서
함께 대기하는 사람이 두 명이 되었다.

자꾸만 시간은 흘렀지만 별다른 움직임이 없길래 '아직도 식사
하러 가지 않으시나?' 하는 의아심이 생겼다. 하지만 묻지 못하였다.
지난번처럼 식사 대접도 없어 나는 계속 TV만 바라보았다.

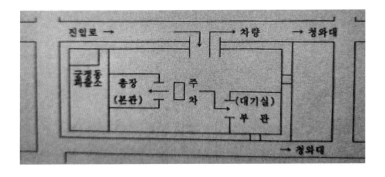

1994년 검찰 조사 때 저자가 그렸던 궁정동 중정부장 사무실 배치 요도

19:40

쪽문을 두드리는 소리가 나다

———

부속 건물 대기실 벽 쪽문에서 똑똑 두드리는 소리가 나서 중정원이 문을 삐죽 열자, 경비 경찰이 "안쪽에서 총소리가 났다"고 말하였다. 그럼에도 중정원은 아무 일도 아니라고 하며 문을 닫아 버렸다.

19:42

멀리서 총소리가 들리다

———

계속 TV를 보고 있는데, 멀리서 총소리가 들리는 것 같았다. 순간적으로 나는 청와대 외곽 초소에서 오발 사격을 했거나 대공 오발 사격일 것이라고 생각하였다. 이때 또 부속 건물 대기실 벽 쪽문을 다급하게 두드리는 소리가 났다. 중정원이 문을 열자 경비 경찰이 "안쪽에서 총소리가 났다"고 다시 말했지만, 중정원은 "확인해 보겠다"고 하고 문을 닫아 버렸다.

　　나는 부속 건물 대기실 위치를 잘 모르고 있다가 나중에 대기실 벽 쪽문이 외부로 통하는 비상문이라는 것을 알게 되었다. 이때까지 중정원은 나를 감시하기 보다 불친절한 태도로 말없이 근무하고 있었다.

19:43

영문도 모른 체 대기 시간은 길어지고

———

불안한 마음으로 TV에 시선을 고정하고 있었다. 이번에도 대기실 벽 쪽문에서 다급하게 문을 두들기는 소리가 들리자, 중정원은 문을 열어 "알았다"라고 역정을 내었다. 그로부터 1~2분 후 요란한 벨소리가 울렸다. 순간 나는 출발한다는 벨소리인 줄 알고 밖으로 뛰어나갔다. 중정부장 수행비서관 박흥주 대령이 "이 소령, 안으로 들어가라"고 하여 다시 들어왔고, 중정원은 전화를 건 뒤 안쪽 문으로 나갔다. 나는 지난 5월 때처럼 총장님이 이제서야 저녁 식사를 위해 연희동 식당으로 간다고 생각하였다.

19:50

육군본부 상황실에 대공 초소 오발 여부 확인

———

그 순간 또 총소리가 땅! 땅! 드르륵! 하고 들렸다. 쪽문 밖 경비 경찰이 또 문을 두드렸다. 이때는 중정원이 자리에 없어 대기 중이던 한 명이 "우리도 들었는데, 밖에서 아니 났느냐?"라고 되묻고 문을 닫았다.

　총소리가 신경 쓰여 혹시 수경사* 대공 초소에서 오발 사고가 발생한 것은 아닌지 파악하기 위해 육본 상황실에 전화를 걸었다.

총장 전속부관이라고 했더니 상황장교가 상황실장을 바꿔줬다. 나는 "청와대 쪽에 총소리가 났다. 혹시 수경사에 신고된 오발 사고는 없었느냐"고 물었다. 상황실장은 신고된 오발 사고는 없었다고 하면서 수경사 상황실로 사태 파악을 지시하겠다고 하였다.

지난 5월 수경사 대공 초소에서 오발 사고가 있었던 터라 나는 오늘도 오발 사고인 줄 알고 계속 대기하였다.

19:55
비서실장 운전기사가 호출 받고 나가다

———

그러는 사이 나와 함께 대기 중이던 한 명이 "우리 비서실장은 어디에 계시는지 확인해 달라"고 하였다. 이때 중정원이 전화를 받더니 "비서실장이 찾는다"고 했고, 같이 대기하던 한 명이 중정원이 출입하는 안쪽 문으로 나갔다. 나는 그 수행원이 비서실장 운전기사임을 직감하고 다시 육본 상황실에 전화하였다. 하지만 어쩐 일인지 계속 통화 중이었다.

* 수도경비사령부의 줄임말이며, 1984년 현재의 수도방위사령부로 개칭되었다.

대통령 유고 상황을 수습하다

1979년 10월 26일(금)

20:10

총장 공관 근무병의 전화를 받다

얼마나 지났을까. 국가 비상 연락망으로 사용하던 휴대용 이동식 전화기가 울렸다. 참모총장 공관 근무병 김 병장이었다. 김 병장은 다급한 목소리로 수도군단장 차규헌 중장이 참모총장님을 찾는 전화가 왔다고 하였다.

순간 나는 부산·마산지역의 학생 시위로 인해 비상계엄 중인지라 서울에도 학생 시위가 발생해 수도군단장이 총장님을 찾는다고 생각하였다. 즉시 육본 상황실로 전화했더니 상황장교가 "총장님은 이곳에 와 계시는데 부관은 어디에 있느냐?"라고 물었다.

나는 총장님이 식사하러 가던 중 서울에도 학생 시위가 발생해 비상계엄 선포를 준비하기 위해 육본 벙커로 갔다고 추측하였다. 중정원에게 육본으로 가야 한다고 했더니 참모총장의 승용차를 불러주었다.

20:10

총장의 전투복과 권총을 챙기다

궁정동에서 한남동 참모총장 공관으로 급히 이동하면서 공관 근무병에게 전투복을 준비하라고 하고, 경호장교 김인선 대위에게 경호 출동을 지시하였다. 공관에 도착하자마자 전투복으로 갈아 입고, 총장님의 전투복과 권총을 챙겨 육군본부 벙커(제0문서고) 지하 상황실로 갔다.

20:40

벙커 총장 집무실에 군 수뇌부가 모이다

육본 벙커에 도착하니 이미 헌병이 입구에서 출입 통제 중이었다. 총장님은 벙커 내 총장 집무실이 아닌 상황실에서 특유의 낮은 목소리로 심혈을 기울여 예하 지휘관의 위치와 상황을 파악하는 통화를 하고 있었다.

　육본 벙커 내 참모총장실은 통로에서 들어가면 참모총장 부관이 있는 부속실을 거쳐 참모부장과 회의를 하도록 탁자와 의자가 비치된 집무실이 있고, 집무실을 지나면 안쪽에 거실과 침대 및 화장실이 있는 구조다.

　수 분 후 총장님이 벙커 내 총장 집무실로 이동하는 것을 발견하고 전투복으로 환복할 것을 요청하고, 집무실 밖 통로에서 대기하였다. 총장 집무실 안쪽에 있는 거실에는 국방부 장관, 합동참모본부 의장, 연합사 부사령관, 공군 참모총장이 이미 자리 잡고 있었다. 김재규 중정부장은 보이지 않았다.

　벙커 내 참모총장실 부속 방에도 장군급 참모부장들로 꽉 차 내가 들어갈 수 없을 정도였다. 벙커 통로에서도 국방부 장관 비서관 등 수행원들은 보였으나, 중정부장의 수행 비서관인 박흥주 대령은 보이지 않았다.

21:10
벙커 밖에서 발견된 중정부장 경호 차량

———————

막 도착한 경호장교 김인선 대위가 벙커 입구 밖에 중정부장의 경호 차량이 대기하고 있다고 내게 보고하였다. 또다시 나는 총장님이 궁정동 중정부장의 사무실에서 중정부장 차량으로 수도권 학생들의 소요 사태를 수습하기 위해 중정부장과 함께 이곳 육본 벙커로 왔다고 생각하였다.

20:05~21:10 정승화 총장의 조치 사항

① 상황실장 조OO 대령에게 김재규 중정부장을 벙커 내 참모총장 집무실의 거실로 안내하도록 조치

② 벙커 내 상황실에서 국방부 장관, 합동참모본부 의장, 연합사 부사령관, 공군 참모총장, 해군 참모차장 등을 전화로 호출

③ 각 군사령관에게 전화해 "특별한 사항이 없느냐?"라고 물은 후, 총장 직권으로 적 남침 대비 2급 비상사태 발령을 지시하고 발령 이유는 추후 알려 주겠다고 지시

④ 수도군단장 차규헌 중장과 수경사령관 전OO 소장 등 서울 주변 지역 지휘관에게 일일이 전화로 이상한 낌새가 있는지 목소리를 파악했으나 '이상 무'를 확인

⑤ 도착한 국방부 장관에게 복도에서 귓속말로 각하 유고 사실과 범인은 누구인지 알 수 없다고 보고

⑥ 특히 수경사령관을 육본 벙커로 호출해 도착한 수경사령관에게 20시 40분경 직접 지시

⑦ 참모차장과 참모부장들에게 육본 지역 경계 강화 지시를 내리고, 범인을 체포하기 위해 벙커에 도착한 수경사령관에게 차지철과의 총격전을 우려하여 청와대 원거리 포위 지시

※ 전속부관 부재 중 일어난 상황을 추후 요약 기술함

21:30

국무총리와 청와대 비서실장 벙커 도착

———

최규하 국무총리, 김계원 비서실장, 법무부 장관, 내무부 장관 등 국무위원이 속속 육본 벙커에 도착해 참모총장 집무실의 안쪽 거실로 들어갔다. 무슨 일이 있는 것 같았지만, 낮은 목소리라서 밖에서는 수군거리는 소리만이 들릴 뿐이었다.

벙커 안이 복잡하여 나를 비롯한 수행원들은 집무실 밖 통로로 나와 있었다. 좁은 통로에서 중정부장 수행비서관 박흥주 대령을 발견하고 "선배님, 무슨 일입니까?"라고 물었더니 "나도 모른다"라고 하며 멍하게 서 있기만 하였다. 이때야 비로소 중정부장은 자신의 승용차로 총장과 함께 와서 참모총장 집무실의 거실에, 박흥주 수행비서관은 총장 집무실 밖 통로에, 경호원은 벙커 입구 밖에 있다는 사실을 확인하였다.

21:30

제9공수여단과 제20사단에 출동 명령

———

참모총장님은 참모차장 및 참모부장들과 협의하여 만일의 사태에 대비해 제9공수여단에 육군본부를 방어하라는 임무를 주었다. 제20사단에는 포병부대를 제외한 모든 부대를 동원해 신속히 태릉

부근으로 이동하라는 출동 명령을 하달하였다.

22:30

총리와 국무위원들이 국방부 장관실로 이동

─────────

육본 벙커의 총장 집무실에 있던 최규하 국무총리와 비서실장, 그리고 국무위원들은 비상 통로를 따라 국방부 내의 장관실로 이동하였다. 총장님은 국무위원이 아니므로 장관실로 가지 않았다.

22:30

상황을 파악하고 출동 명령 중지

─────────

총장님은 이재전 경호실 차장과 전화 통화 후 다시 상황을 판단하고, 이희성 참모차장과 협의하여 제9공수여단과 제20사단의 출동 명령을 중지하였다.

21:10~22:30 정승화 총장의 조치 사항

① 청와대 차지철 경호실장 소행인 것으로 인지하고 병력 출동을 지시한 후, 국무총리와 국무위원들이 모두 국방부로 이동한 다

음, 청와대가 조용하다는 것이 이상하여 이재전 경호실 차장에

게 전화해 청와대와 경호실 내부가 조용하다는 것을 확인

② 이희성 참모차장과 협의하여 9공수여단과 20사단 출동 명령

지시를 중지 지시

＊ 전속부관 부재 중 일어난 상황을 추후 요약 기술함

22:40

참모총장실에서 참모차장과 상황 조치

벙커 내 총장 집무실에는 참모차장과 참모부장들만 남았다. 총장님
에게 전투복으로 갈아입고 권총을 허리에 차도록 권했더니, 전투복
으로 환복은 하였으나 "권총은 들고 있거라"라고 하였다.

　이때부터 나는 대통령 신변에 이상 있음을 눈치챘다. 그러나 총
장 수석부관을 비롯한 그 누구도 그 이상은 알지 못했었다. 오로지
총장은 예하 지휘관들과 연신 전화하였다.

23:10

비상 통로를 통해 국방부 장관실로 이동

총장님이 국방부 장관실로 이동하기에 경호장교와 나는 뒤따라 수행하였다. 갖고 있던 권총을 총장님 허리에 차도록 다시 권했지만, 여전히 갖고 있으라고 하였다. 지난 8월 을지훈련 때에도 육본 벙커 내에서 근무한 적이 있었으나, 육본 벙커에서 국방부 청사로 가는 비상 통로를 이용한 수행은 처음이었다.

23:15

박흥주 대령, 멍하게 서서 묵묵부답이다

———

총장님이 국방부 장관실로 들어갔다. 평소 주요 지휘관회의 때마다 보던 얼굴들이 보였다. 자주 만났던 공군 총장 전속부관이 내게 와서 "무슨 일이냐?"고 물었다. "나도 잘 모른다"고 하였다. 장관실 복도 벽 쪽에서 중정부장 수행비서관 박흥주 대령이 보이기에 가까이 가서 "무슨 일이냐?"고 또 물었지만, 묵묵부답으로 멍하게 서 있기만 하였다.

23:30

"이럴 수가 있느냐?"

———

총장님은 김계원 대통령 비서실장과 함께 국방부 장관 보좌관실로 들어갔다. 이어서 조○○ 국방부 장관 보좌관이 나와서 노재현 국방부 장관을 모시고 장관 보좌관실로 들어갔다. 장관실 밖 복도에는 국방부 장관 비서관, 국방부 장관 경호대장 등 많은 수행원이 대기하고 있었다. 모두 육군 참모총장만 바라보고 있는 듯하였다.

  2~3분 후에 총장님이 나와 내게 뒤따라오라고 하면서 조금 전에 지나왔던 육본 벙커로 가는 좁은 지하 통로를 급하게 걸었다. 통로에는 아무도 없었다. 총장님은 "이럴 수가 있느냐?"라고 중얼거리면서 "지금부터 내 뒤를 잘 따라와라"고 하였다. 나는 갖고 있던 권총을 총장님에게 드렸더니 또 갖고 있으라고 하면서 빠른 걸음으로 육본 벙커로 갔다.

23:40
육본 벙커 총장 집무실에서 상황 조치하다

———

23시 40분, 총장님이 육본 벙커 참모총장 집무실로 들어갔다. 참모차장, 헌병감과 의논하고 있는데, 무슨 내용인지 도무지 알 길이 없었다. 이때부터 수석부관 황 대령이 직접 전화 연결을 하였다.

23:40~01:00 정승화 총장의 조치 사항
① 헌병감 김진기 준장에게 김재규 체포 지시

② 장관실에 있던 김재규에게 총장이 보자고 한다고 연락해 유인하
도록 지시

③ 지하 통로 커브 길에 수사관을 대기시켜 체포하도록 체포 방법
지시

④ 체포 후 보안사령관 전두환 소장에게 인계하도록 지시

⑤ 00시 40분, 육군 헌병과 보안사 요원에 의해 김재규 체포

⑥ 27일 새벽 1시에 김재규를 보안사로 이송

※ 근접 수행했으나 이 사실을 전혀 알지 못했고,

추후 인지한 사항을 요약 기술함

1979년 10월 27일(토)

01:00

국방부 회의실에서 대통령 유고를 인지하다

새벽 1시 총장님과 함께 비상 국무회의가 열리고 있는 국방부 회의
실로 향하였다. 그런데 총장 수석부관이 나에게 비상 국무회의가
열리는 회의실 입구에 참석해 진행 상황을 들어 보라고 하였다. 나
는 회의실 입구에 있는 간이 의자에 앉았는데, 국무위원들이 "대통
령 유고 모습을 확인하지 않고는 비상계엄령을 발령할 수 없다"고

주장하여 국무총리와 대통령 비서실장, 일부 국무위원 등이 국군
통합병원 서울지구병원으로 대통령의 시신을 확인하기 위해 떠나
고 없었다. 회의실에 남은 국무위원들은 수군거리고 있었다.

　나는 이때서야 비로소 대통령이 서거했다는 사실을 확실하게
인지하였다. 그러나 회의 석상에서는 박 대통령이 어떻게 서거했는
지 전혀 알 수 없었다.

01:10
육본 벙커 총장 집무실에서 비상계엄령 준비

다시 육본 벙커로 돌아온 총장님은 참모차장 및 참모부장들과 정
식으로 비상계엄령을 발표하기 위해 의논하였다. 총장님은 계엄령
발령을 준비하라고 지시하면서 외부로 절대 유출되지 않도록 보안
을 유지하라고 강조하였다.

02:00
다시 비상 국무회의에 참석

총장님은 비상 국무회의에 참석하기 위해 다시 국방부 회의실로 갔
다. 그러나 이번에는 회의실 입구에서 국무위원이 아닌 사람은 들
어가지 못하게 하여 나는 밖에서 대기하였다.

이제야 어제저녁 궁정동에서부터 지금까지 식사하지 못하였다
는 것을 깨달았다. 경호장교 김인선 대위에게 이야기하였더니 빵과
우유를 가져다 줘서 허기를 채웠다.

정승화 총장이 비상 국무회의에서 조치한 사항

① 법적으로 비상계엄령이 발령되면 육군 참모총장이 비상계엄사
   령관이 되므로 계엄 포고문을 작성 후 낭독

② 노재현 국방부 장관이 제주도를 제외한 부분 계엄 제안

③ 박찬현 문교부 장관이 대학교 이상만 휴교령 제안

④ 김치열 법무부 장관이 정치집회 금지에 국회의원도 포함하는지
   질문하고 총장은 국회의원의 국회 활동은 미포함이라고 답함

⑤ 부분 계엄일 경우 국방부 장관이 계엄사령관을 감독

※ 수행했으나 추후 인지한 사항을 요약 기술함

04:00
27일 4시, 비상계엄령 발령

새벽 3시 50분, 총장님이 비상 국무회의를 마치고 나왔다. 전 국무
위원들이 계엄사령관이 된 육군 참모총장에게 격려 인사와 함께

이구동성으로 "국가적 비상 위기에 나라를 구하셨다"고 칭찬하였다. 새벽 4시를 기해 **제주도를 제외한 전국에 부분 비상계엄령을 발령**하였다.

05:00
육본 벙커에서 육본 사무실로 오다

───────

아침이 밝아왔다. 총장님은 5시에 육본 벙커를 나와서 국방부 장관실에 갔다가 다시 육본 사무실로 돌아왔다. 국방부 청사 내 장군 참모들뿐 아니라 육본 내 장군 참모들도 한결같이 간밤에 있었던 국가 위기 상황을 총장님이 아무런 충돌 없이 처리하였다고 칭찬하였다.

06:10
방송을 통해 대통령 시해 범인을 알다

───────

간밤에 한숨도 못 자서 전속부관 방 소파에 기대어 졸고 있었다. 공보관 윤 중령이 휴대용 라디오를 들고 와서 급하게 깨우더니 "김재규가 범인이란다. 어찌 된 일이냐?"라고 물었다. 나도 깜짝 놀라서 "뭐라고요, 그럴 리가요?"라고 반문하였다.

　어제저녁 20시부터 국가 권력 공백 8시간 동안 가장 가까이서 그림자처럼 수행했던 부관조차도 전혀 눈치채지 못할 정도로 위기 상황을 조치한 총장님의 냉철함과 침착함에 나는 감격하였다. 그 순간 총장님이 군사령관 시절 육군 대장으로 승진한 후 현충사 참배 때 "구국하는 길은 이순신 장군처럼 사리사욕을 버리는 냉철함과 침착함의 사생관이다"라고 하였던 말씀이 생각났다.

07:30
간밤에 열세 번째 사선을 넘다

————

총장님이 육군본부 영내 식당에서 식사하고 총장실로 걸어오면서 참모차장 이희성 중장과 나눈 대화 내용이다.

먼저 참모차장은 "어제저녁에 제9공수여단과 제20사단의 출동 명령을 중지한 것은 참으로 큰 결단이셨다"고 말하였다. 그러자 총장님은 "제9공수여단과 제20사단 병력 출동 명령을 중지하지 않았더라면 꼼짝없이 김재규가 시키는 대로 해서 큰일 날 뻔했어요"라고 응수하였다. 그리고 나직이 덧붙였다.

"나는 간밤에 또 한 번의 사선死線을 넘었소. 1948년 소위 임관 후부터 6·25 전쟁을 거쳐 어제저녁이 열세 번째 사선이었소."

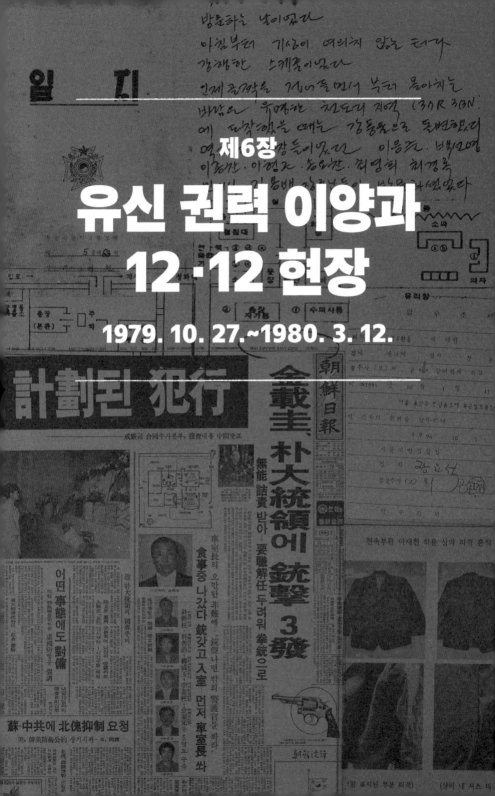

제6장

유신 권력 이양과
12·12 현장

1979. 10. 27.~1980. 3. 12.

유신 권력 이양 현장 수행

1979년 10월 27일(토)

대통령 유고에 따른 군 수뇌부 결의문 발표

어젯밤 한시도 눈을 붙이지 못했음에도 총장님은 아침 식사를 하자마자 연신 참모부장들과 의논하였다. 9시 30분, 국방부 청사로 이동해 대통령 유고에 따른 국방부 장관, 합참 의장, 육·해·공군 참모총장 등 군 수뇌부의 대국민 결의문 발표에 배석하였다.

노재현 장관이 낭독한 결의문의 요지는 국군통수권자였던 박 대통령의 서거로 최규하 대통령 권한대행을 중심으로 일치단결하여 북괴 도발을 저지하고 계엄 업무를 성실하게 수행하여 이 난국을 수습하겠다는 다짐이었다.

1979년 10월 28일(일)

첫 비상계엄령 계엄회의 주재

10시 총장님은 계엄자문위원회 회의에 이어 육군회관에서 첫 계엄사령부의 계엄회의를 주재하였다. 지역 계엄사령관인 각 군사령관, 전투병과 교육사령부 사령관, 제1·5·6군단 및 수도 군단장들이 참석하였다.

1979년 10월 28일(일)

전두환 소장, 사건 수사 중간 발표

16시 계엄사 합동수사본부장 전두환 소장이 대통령 시해 사건에 대해 중간 발표를 하였다. 이 내용을 들은 공보관 윤 중령이 내게로 와서 궁정동 시해 현장이 중정부장 공관이라고 전하며, "이 소령도 그날 현장에 있었느냐?"고 물었다. 나는 깜짝 놀랐다. 26일 저녁 총장님을 모시고 간 중정부장 공관과 맞닿은 안전가옥에서 시해 사건이 발생한 사실을 이때 처음 알게 되었다.

1979년 10월 29일(월)

07:45

계엄사령관 자격으로 공관 조찬회의 참석

———————

어제 시해 사건 중간 발표 이후, 세상은 총장님을 군인이 아니라 정치인으로 만들었다. 날이 밝자마자 총장님은 계엄사령관 자격으로 대통령 권한 대행 주재 조찬회의에 참석하기 위해 삼청동 공관으로 갔다. 이미 도착해 대기하고 있던 국무위원 수행비서관들이 여느 때와는 사뭇 다르게 4성 장군 마크가 붙어 있는 계엄사령관 승용차를 보고 깍듯이 인사하였다.

　이전 대통령 임석 행사 때는 아는 척도 할 수 없었던 국무위원 수행비서관들의 시선이 내게로 집중되었다. "육군 참모총장께서 위기에 처한 나라를 구하셨다", "아무런 충돌 없이 훌륭하게 국가 위기를 조치하셨다"라며 말을 걸었다. 어떤 수행비서관은 "국가 위기 상황에서 10명의 내무부 장관보다 한 명의 육군 총장이 낫다"고 극찬하였다. 순간 나도 기분이 좋았다.

10:00
김재규 부장의 시해 동기와 내용
———————

사무실로 돌아와 오늘 자 〈조선일보〉에 게재된 대통령 시해 사건 중간발표 기사를 읽었다. 이번 사건은 김재규 부장이 사전에 계획한 범행이라고 한다. 그는 평소 건의하는 정책마다 박 대통령이 불신했고 무능력하다는 힐책을 수차례 받아왔다고 범행 동기를 밝혔

다. 또 자신의 모든 보고와 건의가 차지철 경호실장에 의해 제동이

걸렸을 뿐 아니라 차지철 경호실장 개인에 대한 감정도 있었다고 한

다. 결국 최근 요직 개편설과 관련하여 자신의 인책 해임을 우려하

여 범행을 감행했다고 자백하였다.

10월 26일 16시 30분경* 차지철 경호실장은 대통령이 궁정동 중앙정보부 식당에 갈 것이라고 김재규 중정부장에게 전화 연락을 하였다. 18시 20분부터 대통령, 비서실장, 경호실장, 중정부장이 동석하여 식사하던 도중 김재규 중정부장은 18시 50분 식당을 나와 중정 의전과장 박선호와 수행비서관 박흥주에게 범행을 지시하고, 자신은 집무실 2층으로 가서 권총을 차고 돌아와 범행을 개시하였다고 발표하였다.

발표 내용을 보니 그날 내가 겪은 내용과 일치하였다. 총장님이 김재규 중정부장으로부터 궁정동 저녁 식사 초대를 받은 시간이 10월 26일 16시 15분이므로 차지철 경호실장이 김재규 중정부장에게 전화한 시간인 16시 30분경보다 이전이었다. 총장님을 모시고 간 중정부장 사무실이 시해 사건 현장과 맞붙은 곳이라는 것도 확인되었다.

19:00
합동수사본부 수사관의 일성

————

저녁 무렵 계엄사 합동수사본부 이○○ 수사관 외 한 명이 참모총장 집무실에서 고 박정희 대통령 시해 사건 과정에 관해 총장님을

---

* 〈조선일보〉 1979. 10. 29. 1면에 실린 기사를 토대로 사건을 재구성한 것이다.

조사하였다. 조사를 마치고 총장실 수석부관실에서 육사 18기 동기생인 수석부관 황 대령을 만난 이 수사관은 "총장께서 국가권력 공백 8시간의 국가 위기를 침착하게 잘 처리하시어 나라를 구하였다"고 극찬하였다. 나는 이 수사관의 소감 일성一聲을 분명하게 들었다.

1979년 10월 30일(화)
시국 대책회의 참석

10월 27일부터 11월 3일까지는 국장 기간일 뿐만 아니라 비상계엄

령이 발령된 시기이기 때문에 총장님은 육군본부 참모총장실 집무
실에서 기거하고, 나도 부관 방 야전 침대에서 잠을 자며 비상 상황
에 대비하였다.

7시 45분 대통령 대행 공관에서 개최된 시국 대책회의에 참석
하였다. 17시에는 동작동 국립묘지를 방문해 육영수 여사의 묘소를
참배하고 준비 중인 유택을 점검하였다.

1979년 11월 1일(목)
신임 윤성민 참모차장 부임 신고
————

이희성 참모차장이 중앙정보부장 서리로 임명됨에 따라 그 후임으
로 3군단장 윤성민 중장이 부임 신고하였다. 윤 장군은 총장님이 1
군사령관 시절 예하 3군단장을 맡은 바 있는데, 성품이 온유하고
합리적이다.

1979년 11월 2일(금)
국가 위기에 충돌 없이 조치한 비결
————

7시 45분, 대통령 권한대행 공관에서 계속되는 비상시국 대책회의

에 참석하였다. 이날도 국무위원 수행비서관들이 내게 와 격려 인
사를 하면서 "육군 참모총장님이 어떤 분이시길래 그날 그 위기를
아무런 충돌 없이 잘 조치하셨느냐?"고 물었다.

　　나는 총장님이 1947년 소위로 임관해 춘천 38선에서 인민군
과 대치하면서부터 6·25 전쟁 동안 중대장을 거쳐 대대장을 하면
서 험한 산악지역 강원도에서 경상북도 영천 그리고 함경북도 부령
까지 최전선에서 열두 번의 죽을 고비를 넘겼다고 소개하였다. 위
급한 전투에서도 냉철한 이성으로 침착하게 행동해 사선을 넘은
것이 10·26 사건이 일어났을 때 8시간 동안 국가 위기를 잘 조치할
수 있었던 비결이라고······.

1979년 11월 3일(토)

육본 광장에서 묵념 행사로 추도

───────

국장일이다. 8시 아침 계엄회의를 주재하고, 10시 국장 영결식에 맞
추어 육군본부 내 육본 광장에서 전 장병과 함께 고 박정희 대통령
의 영면을 묵념으로 추도하였다.

1979년 11월 5일(월)
삼우제에서 대통령의 명복을 빌다

———

총장님은 8시 30분 계엄회의를 주재하고, 9시 25분 정복 차림으로 동작동 국립묘지에서 거행된 삼우제에 참석하였다. 총장님은 큰 영애를 위로하면서 눈시울을 붉혔는데, 내 머릿속으로 작년 7월 군사령관 공관에서 박 대통령과 세 자녀가 상봉했던 순간이 주마등처럼 스쳐 지나갔다.

　　내가 본 박 대통령은 김신조 일당의 청와대 습격 사건과 함께 시작된 남북의 이념과 체제 전쟁에서 승리한 영도자였다. 박 대통령은 나의 인생관이 되었던 1968년 12월 5일 국민교육헌장 선포부터 1972년 임관 후 10월 유신에 이어 유류 파동, 월남 패망, 육영수 여사 피격 사건, 8·18 도끼 만행 사건에 이어 10·26 현재까지 대한민국 현대사의 질곡을 앞장서 헤쳐왔다. 안으로는 국민들의 가난을 극복했고, 밖으로는 중화학공업 육성 정책으로 자주국방의 기반을 닦는 등 한 시대의 영욕을 한 몸에 안고 가셨다. 머리 숙여 명복을 빌었다.

1979년 11월 6일(화)
군내 단결을 위해 3군 지역 고위 간부 교육

총장님은 8시 30분 계엄회의를 마치고, 9시 30분 3군 군사령부 및 5군단, 1군단을 차례로 순시하였다. 3군 지역 대령 이상 고위 간부를 대상으로 비상시국에 대해 정신 교육을 하기 위해서다.

이 자리에서 총장님은 현 시국이 역사상 위대한 영도자를 잃은 국난임을 강조하고 "군·관·민이 단결하여 1차 위기를 잘 넘기고 있지만, 헌법 질서에 따라 3개월 내 새로운 대통령을 선출해야 하므로 우리 군의 입장을 천명하고 군 지휘관들이 화합 단결해야 한다"고 힘주어 말하였다.

또한 "어떠한 경우든 군이 직접 국가를 통치해서는 안 되며, 설령 그런 임무를 우리 군에게 뒤집어씌우더라도 결코 받아들여서는 안 된다"며 군의 정치적 중립을 단호하게 피력하였다. "대역무도한 죄를 범한 김재규 중정부장이나 각하를 잘못 모셔서 원성을 남긴 채 죽은 차지철 경호실장 모두 국가 원수를 보필해 왔던 국정 책임자이므로 과거 이들과 개인적으로나 직무수행으로 가까웠던 동료를 배척해서는 안 된다"고도 강조하였다. "우리 모두 명령에 따라 군 조직과 국가에 충성해 왔었던 것임을 명심하라"며 군내의 인화 단결을 한 번 더 천명하였다.

비상계엄령 하에서는 군의 힘이 크다는 점을 이용해 외부로부터 유혹이 많을 수 있음을 명심하고, 어떠한 외부 접촉도 삼가하라는 당부도 덧붙였다.

1979년 11월 7일(수)

1군 지역 고위 간부 대상으로 교육하다

9시, 전체 참모회의를 주재한 후 1군 지역 대령 이상 고위 간부를 대상으로 비상시국에 대해 정신 교육을 하기 위해 1군 군사령부 및 3군단, 2군단을 차례로 순시하였다. 총장님의 훈시를 듣는 1군 지역 고위 간부들의 표정이 어제 순시했던 3군 지역과는 사뭇 다르게 진지하였다.

1979년 11월 7일(수)

전두환 소장, 김재규 단독 범행 발표

18시 공관으로 퇴근해 부관 방에 와 보니 공관 근무병들의 표정이 굳어 있었다. 김 병장이 내민 〈조선일보〉 11월 7일 자 1면에 따르면 박 대통령 시해 사건은 10월 26일 저녁 궁정동 중앙정보부장 공관 담벼락 사이에서 발생하였다.

전두환 합동수사본부장은 10·26 사건이 군부와 외세의 개입 없는 김재규 중정부장의 단독 범행이라고 발표하였다. 또 김재규 중정부장을 내란 목적 살인범으로, 김계원 비서실장을 묵인 동조 및 범행 방임 혐의로 조사 중이라고 하였다. 김재규는 정승화 육군

참모총장을 별도의 건물로 유인하여 포섭하려 했으나 남산 중앙정
보부 본부로 이동하던 중 차 안에서 육군 참모총장이 육군본부로
가자고 순간적인 기지를 발휘한 것이 김재규의 모의를 좌절시킨 결
정적인 순간이었다고 발표하였다.

　　김재규 중정부장은 지난 6월부터 대통령 거사 계획을 단독으
로 세우다가 이날 저녁 박 대통령으로부터 부마 사태가 중앙정보부
의 정보 부족으로 기인하였다는 질책을 받았고, 그동안 차지철 경
호실장의 월권 행위가 반복됨에도 대통령이 그를 편애하는 것에 불

만이 누적되어 시해하였다는 진술 내용도 기사에 포함되어 있었다.

사건 발생 동기와 과정, 그리고 현장 요도를 보는 순간, 그날 저녁 중정부장 수행비서관 박흥주 대령의 모습과 행동이 주마등처럼 오버랩되었다. 지난 5~6월, 카터 대통령 방한에 대비한 경호·경비 대책회의 때 보여준 박흥주 대령의 경호실에 대한 불만, 10·26 사건이 일어난 저녁에 육본 벙커 통로에서의 행동, 체포 직전인 23시경 국방부 장관실 앞 복도에서의 행동 등은 아무리 생각해 보아도 납득되지 않는 미스터리다.

군인이 직속상관의 명령에 복종해야 한다고 하더라도 국군 통수권자인 대통령 시해에 가담한다는 것 또한 이해되지 않았고, 시해 후 멍하게 서 있기만 했던 박흥주 대령의 그날 저녁 행동을 떠올렸을 때 거사 계획을 사전 모의하였다는 발표가 믿기지 않았다.

1979년 11월 8일(목)
계엄사령관의 담화문 발표

————

8시 총장님은 계엄회의를 주재한 뒤 전 국민에게 보내는 담화문을 발표하였다. 군은 국토방위에만 전념할 것이며 무분별한 정치 선동을 불용하겠다는 의지를 담은 담화문이다. 무엇보다 군내의 단결이 최우선이었다. 그래서 오늘도 대령 이상 고위 간부를 대상으로 비상시국에 대한 정신 교육 차 대구 2군 군사령부와 부산 군수사를 방문하였다.

순시 후 복귀하는 차 안에서 총장님은 우리 수행원들에게 외부로부터 유혹에 휩싸이지 않도록 각별히 조심하라고 당부하였다. 국장 이후 3일 동안 전군을 상대로 순시를 강행하면서 강조한 내용을 '국난 극복을 위한 군인의 입장과 사명'이라는 제목의 참모총장 훈시 제18호로 하달하였다.

1979년 11월 10일(토)
최규하 대통령 권한대행의 담화문 발표

────────

8시 30분 총장님이 계엄회의를 주재하는 동안 최규하 대통령 권한대행은 현행 유신헌법이 정한 절차에 따라 3개월 내 차기 대통령을 통일주체국민회의에서 선출하고 선출된 대통령이 헌법을 개정하는 정치 일정을 발표하였다.

최 대통령 권한대행의 담화와 관련하여 총장님도 계엄사령관에게 쏠리는 정치적 부담을 의식하듯 지금껏 고위 간부를 대상으로 한 훈시에서 밝힌 바와 같이 현행 헌법 테두리 내에서 대통을 이어갈 수 있도록 우리 군이 뒷받침해야 함을 계엄회의에서 또다시 천명하였다.

1979년 11월 12일(월)

공직자 비위 및 혼란 선동 엄단 담화문 발표

———

8시 20분 총장님은 계엄회의를 주재한 후, 공직자 비위 및 혼란 선동 엄단을 위한 담화문을 발표하였다. 계엄사에 설치된 검찰이 기존 수사기관을 활용하여 사회의 고질적인 부조리 및 공직자 비위를 척결함으로써 국민의 생활 안정을 되찾도록 하겠다는 내용이다.

지금까지 군의 정치적 중립을 신념으로 삼고 살아온 총장님이 계엄사령부 업무로 인해 고뇌가 점점 깊어지는 것이 느껴졌다. 계엄사령관 직무가 정승화 장군을 정치인으로 인도하고 있었다.

1979년 11월 14일(수)

김재규 등 8명, 내란 목적 살인죄로 송치되다

———

전두환 합동수사본부장은 10월 27일부터 합동수사본부에서 조사했던 김재규 등 8명을 내란 목적 살인 죄목으로 11월 13일 육군본부 계엄 보통군법회의 검찰부로 송치하였다고 발표하였다.

16시 전두환 소장이 계엄사령관에게 조사 내용을 보고하러 왔을 때 보안사령관 전속부관 손○○ 대위가 내 방으로 올라와서 나의 육사 후배이자 고교 후배라고 인사하였다.

1979년 11월 16일(금)
장태완 소장을 수경사령관에 보임하다

————

8시 총장님은 장태완 소장 외 4명의 장군 보직 신고를 받았다. 이어
서 계엄회의를 주재한 후 11시 수경사령관의 이취임식에 참석하였
다. 이취임식을 주관한 자리에서 총장님은 "장 소장은 6년 전 수경
사 참모장으로 26개월 근무한 바 있어 수경사령관으로 최적임자이
다"라고 격려하였다.

1979년 11월 18일(일)
보안사의 계엄 정보 보고서

————

총장님 가족이 모여 점심을 하는데, 자연스레 비상시국과 대통령
선출 등 정치 일정 이야기가 오갔다. 총장님은 현행 유신헌법이 정
한 절차에 따라 다음 달 초순 무렵 통일주체국민회의에서 대통령
이 선출될 것이라고 말하였다.

　휴일인데도 보안사 정보처에서 계엄 관련 정보 보고서를 공관
으로 보내와 총장님에게 전달하였다.

1979년 11월 21일(수)

대통령 권한대행 주최 만찬에 참석하다

─────

총장님은 8시 30분 계엄회의를 주재하고, 오후에는 국회회의에 참석하였다. 18시 30분에는 최규하 대통령 권한대행이 개최한 군 수뇌부 만찬에 참석하기 위해 삼청동 공관으로 갔다.

　　오늘도 수행비서관들이 모여 있어 인사를 나눴는데, 한 수행비서관이 나에게 "계엄사령관이 군내의 정치군인들을 축출하고 각종 부조리를 척결하는 등 사회 정화 활동을 더욱더 강하게 해야 한다"라고 주문하였다. 그러나 나는 "총장님이 계엄사령관이지만, 정치인은 아니다"고 응수하였다.

1979년 11월 24일(토)

계엄사 전군 지휘관회의를 주재하다

─────

10시, 총장님은 비상계엄령 발령 후 처음으로 전군 지휘관회의를 주관하였다. 11시에는 계엄 지휘관들과 함께 동작동 국립묘지 현충원과 고 박 대통령의 묘소를 참배한 후 육군회관에서 오찬을 함께하였다.

　　총장님은 계엄 지휘관들에게 "국가 비상시국을 맞았으나 우리 군이 일치단결하여 노력한 결과 한 달여 만에 현행 헌법에 입각해 국가 권력을 이양하기 위한 정치 일정이 마무리되어 가고 있다"고 말하였다. 특히 "각급 지휘관들은 여하한 경우에도 정치권의 유혹에 휩쓸리지 않고 군 본연의 임무에 충실하자"고 당부하면서 앞으로도 법 질서, 경제 질서, 사회 기강 확립이라는 계엄 임무 3대 기조에 전념하자고 하였다.

　　오찬 후 공관으로 가는 차 안에서 엊그제 삼청동 공관 만찬에 수행했던 수행비서관의 이야기를 말씀드렸더니 총장님은 화를 내면서 쓸데없는 이야기를 옮긴다고 역정을 냈다. 공관에 도착해서도 "젊은이들이 헌법이 정한 절차대로 따라야지. 또다시 군인을 정치에 끌어들여서는 안 될 뿐만 아니라 우리 군인도 다시는 정치에 관여해서는 안 된다"고 꾸중하였다.

1979년 11월 26일(월)~28일(수)
언론사 및 방송사 초청 오찬

————

26일 8시 20분 계엄회의를 주재하였다. 계엄령 발령 30일 만에 밤 11시로 정했던 통금 시간을 오늘 낮 12시를 기해 해제하여 종전대로 밤 12시로 환원하였다. 12시에는 신문사 및 방송통신사 사장을 육군회관으로 초청하여 오찬을 함께하면서 비상시국 상황인 만큼

국난 극복에 협조해달라고 당부하였다.

27일에는 각 신문사의 편집국장을 육군회관에 초청하고, 28일에는 국방부 출입 기자들을 초청하는 등 국가 비상계엄 하의 계엄사령관으로서 군 계엄 업무 수행에 대한 협조를 당부하였다.

총장님은 26일부터 3일간 주최한 언론인과의 오찬 모임에서 평생 소신으로 삼아온 군의 정치적 중립과는 상반되게 계엄사령관으로서의 정치적인 발언을 하였다. "박 대통령께서 조국 근대화와 자주국방이라는 국가적 목표 아래 지난 18년간 통치해 왔지만 박 대통령의 서거로 인해 현행 유신헌법에 따라 새로운 대통령을 선출하고, 새로 선출된 대통령 주도 하에 정치권과 국민의 의견을 수렴하여 새로운 정치제도를 마련해야 한다."

또한 자신은 해방 후 공산주의 활동을 한 사람들을 민간 신분으로는 포용했지만, 군인로서는 포용할 수 없었음을 피력하고, "우리 헌법의 기본정신이 자유민주주의인데, 우리 군이 공산주의 운동을 한 사람을 국군통수권자인 국가 원수로 모실 수는 없지 않겠느냐!"라고 반문하였다.

또 총장님은 위대한 영웅이 나타나 새로운 지도자가 되어야 한다는 생각은 잘못이라고 전제하면서 이런 생각은 아직 우리 국민이 민주주의를 할 자격이 부족하다는 것이라고 일침을 가하였다. 계엄 해제 시기는 정치권에서 정할 문제로, 국민은 스스로의 본분을 다하면 된다고 말하였다.

나는 총장님이 계엄사령관이 되면서 사실상 군인의 영역을 벗어나 정치 영역에 발을 내딛었다는 생각이 들었다. 총장님이 평생 지켜오던 군의 정치적 중립 신념도 비상시국에서는 예외였다.

1979년 11월 30일(금)
육군 참모총장 본연의 업무에 전념

오늘부터 정상적인 육군 참모총장 본연의 업무에 전념하였다. 8시 장군 전역 및 보직 신고를 받고, 16시 30분 육군 주임상사 전역 및 이취임식을 주관하였다. 19시에는 위컴 유엔군 사령관이 이임하는 한미 1군단장을 위해 마련한 힐탑하우스 공관 만찬에 참석하였다.

1979년 12월 1일(토)

전방부대 순시

————

계엄 1개월여 만에 대통령 권한대행 체제에서 현행 유신헌법에 입각하여 대통령을 선출하는 절차에 대한 합의가 이루어졌다. 최규하 권한대행이 대통령으로 출마하는 등 정치 일정이 마무리되어 가고, 오찬을 열어 언론기관의 협조를 당부한 시점이라 총장님은 군인으로서 본연의 임무에 전념하기 위해 오늘부터 다시 1군 전방부대를 순시하였다. 18년 동안 누가 잘사는지를 김일성과 경쟁했던 박대통령 영혼이 이곳 전선에도 맴도는 듯하였다.

1979년 12월 2일(일)

아내와 오랜만에 함께한 아침 식사

————

혼자 허둥지둥 아침을 먹고 출근한 지도 9개월이 지났다. 오늘은 모처럼 느긋하게 아내와 함께 아침을 먹었다. 그런데 지금 아내는 배부른 임신부다. 출산일이 언제냐고 물으니 이달 19일쯤이란다. 태아와의 교감은커녕 배부른 줄도 모르고 달려왔으니……. 참으로 무심한 아비다.

오후에 공관으로 출근하여 근무하였다. 휴일이라 보안사 정보처에서 계엄 정보보고서를 공관으로 보내왔고, 이를 총장님에게 비대면으로 전달하였다.

1979년 12월 4일(화)
김재규 재판 보통군법회의 재판장 임명

8시 내란 목적 살인죄로 기소된 김재규 재판을 맡을 재판장으로 김○○ 중장을 임명하고 신고를 받았다. 지난 11월 26일 기소된 지 1주일 만에 육군본부 보통군법회의에서 첫 공판이 열렸다. 16시 전두환 합동수사본부장이 계엄사령관에게 보고차 방문하였다. 합동수사본부장 전속부관인 손 대위는 나의 방으로 올라와 인사를 나누고 커피도 마셨다.

어제는 최 권한대행이 단독으로 대통령 후보 등록을 마쳤다. 차기 대통령은 12월 6일 장충체육관에서 선출될 예정이며, 긴급조치 9호 해제 건의도 여야 만장일치로 합의하였다고 한다. 참으로 권력 무상이다.

1979년 12월 6일(목)

최규하 제10대 대통령 선출

8시 30분 총장님이 계엄회의를 마치고 나오는데, 과거에 연대장으로 모셨던 노태우 9사단장이 총장님에게 인사하기 위해 수석부관실에서 대기하고 있었다. 계엄사령관이 되고 난 후부터 장군들의 인사 출입이 어느 때보다 많아졌다.

　9시 30분 총장님은 장충체육관에서 개최되는 통일주체국민회의 개회식에 정복 차림으로 참석하였다. **유신헌법에 따라 실시된 제10대 대통령 선출 선거** 현장을 직접 목격하였다. 최규하 대통령 권한대행이 단독 후보로 출마했고, 전국에서 모인 대의원들이 무기명 비밀투표로 대통령을 선출하였다. 직접선거와는 판이하게 절차가 간결하였다.

　17시, 세종문화회관에서 열린 리셉션에 참석한 후 총장님은 "계엄사령관의 큰 임무가 잘 처리되어 홀가분하다"고 하였다.

1979년 12월 8일(토)

긴급조치 9호 해제, 관련 구속자 전원 석방

8시 계엄회의에 이어 총장님은 국방부 군무회의에 참석하였다. 새로 선출된 최규하 대통령은 **긴급조치 9호를 해제**하고 이와 관련된 구속자 전원을 석방하였다. 긴급조치 9호는 유신헌법을 부정·반대·비방하는 행위 등을 금지하는 내용으로, 1975년 5월 13일 선포되었다.

총장님은 1961년 5·16 발생 이듬해인 1962년 7월부터 방첩부대장으로 근무하며 박정희 대통령과 인연을 맺었다. 당시 군은 정치적 활동을 하는 이들로 혼란스러웠는데, 총장님은 철저히 군 본연의 임무인 방첩 업무에 전념하며 15년 동안 한눈팔지 않고 초지일관한 점이 인정되어 이 자리까지 올라왔다. 총장님은 한 시대를 마감하는 흐름이 너무 빠른 것 같다고 회상하였다.

1979년 12월 9일(일)
모처럼 태릉골프장에서 라운딩

국방부 장관이 계엄 업무를 수행하느라 고생한 군 수뇌부를 초청하였다. 총장님도 모처럼 태릉골프장에서 라운딩하였다.

1979년 12월 10일(월)
월간 〈샘터〉와의 인터뷰

8시 20분 계엄회의에 이어 오후에는 월간지 〈샘터〉의 오증 주간과 총장실에서 인터뷰하였다. 오 주간은 격동의 시기에 국민의 지대한 관심을 받으며 막중한 국가적 임무를 수행하고 있는 계엄사령관을 뵙게 되어 영광이라는 인사를 건넸다. 어려운 시국에 침착한 태도와 합리적인 방법으로 질서를 유지하면서 국가 발전을 뒷받침하는 계엄사령관이 어떤 사람인지 궁금해하는 독자들이 많아 인터뷰를 요청하였다고 설명하였다.

오 주간은 "계엄사령관이 정치인이라고 생각하십니까?"라는 질문과 함께 "계엄사령관 이전과 이후 생각이 달라진 점이 있는지, 있다면 무엇입니까?"라고 물었다. 총장님은 "계엄사령관 이전에는 오로지 경계하고 걱정할 대상이 북괴 집단이라고만 생각했는데, 계엄 이후에는 우리 내부에도 경계할 점이 많다는 걸 알게 되었다"라고 답하였다.

또 오 주간은 박 대통령 시해 사건 수습 과정을 의식한 듯 총장이 충성하는 대상은 헌법인지, 임명권자인지를 물었다. 이에 총장님은 "군인의 충성 대상은 국가이며, 군의 통수권자인 임명권자를 통해 국가에 충성하는 것이다. 통수권자는 바뀔 수 있으나 국가는 영원하다"라고 대답하였다.

"절체절명의 순간에 총장께서 결단을 내리게 하는 힘은 무엇입니까?"라는 질문에 총장님은 "주어진 직분에 대한 책임감과 사명

감"이라고 하면서 "오직 절체절명의 순간에 용기를 낼 수 있는 근원
은 사私를 버리고 공公을 위하는 멸사봉공滅私奉公 책임감에서 나온
다"고 말하였다.

　"육사 교장 시절 생도 교육이념과 어려운 시기에 인화단결의 열
쇠는 무엇입니까?"라는 질문에는 "부하로부터 존경받는 지도자가
되려면 가식 없는 진솔한 사랑을 베풀어야 한다. 지도자일수록 정
직하고 긍정적인 자세로 솔선수범할 때 우리 사회에 상호 신뢰가
형성되어 자연스럽게 인화단결로 이어진다고 믿는다"고 하였다.

　오 주간의 마지막 질문은 "총장께서는 독서를 많이 한다고 들
었는데, 감명 깊게 읽은 책은 무엇입니까?"였다. 총장님은 케네디의
〈용기 있는 사람들〉과 토인비의 〈역사와의 대화〉라고 답하였다.

　10·26 사건이 발생했을 때 위기의 순간을 충돌 없이 침착하게
처리한 참모총장의 결단이 민간에게도 알려지면서 샘터사에서 인
터뷰를 요청한 것 같아 가슴 뿌듯하였다.

12·12 사태, 한남동 참모총장 공관 현장

1979년 12월 11일(화)

장군 진급 심사위원 임명 후 신고 받음

8시 20분 계엄회의에 이어 총장님은 1980년 장군 진급자를 선발하기 위한 심사위원을 임명한 뒤 신고를 받았다. 평소 강조하던 대로 사리사욕 없이 공명정대한 자세로 향후 군 발전에 필요한 인재를 발탁하라고 격려하였다. 19시 한미 1군단장 송별 및 환영 만찬에 참석하였다.

1979년 12월 12일(수)

08:20

대통령에게 장군 진급 심사 결과 보고

계엄회의를 주재하고 차규헌 장군 심사위원장의 장군 진급 심사

결과를 보고받았다. 이어 국방부 장관 결재 후 최규하 대통령에게 보고하였다. 장군 진급 인사 발표가 나자 오후 내내 여기저기서 걸려 오는 전화를 받느라 총장 수석부관실 전화는 북새통이었다.

17:00
합동수사본부장 전두환 소장 방문
―――――

16시 총장님 지시로 수석부관이 전두환 합동수사본부장을 호출하였고, 한 시간 뒤 전두환 소장이 총장실을 방문하였다. 여느 때라면 전 소장의 수행부관 손 대위가 총장 부관 방에 올라와 대기하였을 텐데, 오늘은 올라오지 않았다. 내가 창문을 열고 "손 대위, 올라와서 차 한 잔 합시다"라고 했지만, 그는 밖에서 대기하겠다고 하였다.

17:40
퇴근길 차 안에서 외출 계획을 정하다
―――――

일과를 마치고 총장 공관으로 퇴근하는 차 안에서 금일 저녁에는 별다른 일정이 없음을 총장님에게 보고한 뒤 "오늘 저녁에 외출 계획이 있습니까?"라고 여쭈었다. 한참 후에 총장님은 "저녁 식사 후 외가*에나 가보자"고 하였다.

맨 오른쪽의 저자는 탄띠에 미장전된 권총(오른쪽)과 탄입대를 차고 있다.

18시 공관에 도착하자마자 나는 경호장교 김인선 대위와 운전기사 장광식 상사에게 청담동에 있는 총장님 처가로 외출 준비를 지시하였다. 비상계엄 중이므로 김 대위에게 경호하도록 조치하였다. 장광식 상사에게는 총장 관용차(뉴크라운) 대신 자가용으로 준비시키고, 권총을 휴대하지 않도록 하였다. 대신 나와 김 대위는 45구경 권총을 무장하였다. 안전을 고려해서 실탄을 권총에 삽입하지 않았다. 권총은 탄띠 오른쪽에, 실탄 6발을 넣은 탄창은 탄입대에 넣어 탄띠 왼쪽에 찼다.

*   자녀 기준으로 외가라 호칭한 것을 그대로 표기하였다.

18:10

전두환 소장 수석부관의 전화

———

전화벨이 울렸다. 보안사령관 전두환 소장의 수석부관 황 소령이었다. 그는 총장님에게 드릴 급한 보고서가 있어서 보안사 정보처장 권정달 대령이 퇴근길에 방문할 계획이라고 하면서 정문 출입을 위해 슈퍼살롱 차종과 차량번호를 알려 주었다.

　순간 나는 비상계엄 중에는 휴일에도 긴급 보고 사항이 발생하면 공관으로 보안사 보고서를 가져온 적이 종종 있었기에 오늘도 긴급 보고서가 있는 것으로 간주하였다. 그래서 정문 해병대 초소에 전화 걸어 차종과 차량번호를 알리고 진입 시 통과시킬 것을 요청한 후 육군 참모총장 공관 정문 육군 헌병에게도 인터폰으로 지시하였다.

　나는 여느 때와 같이 권정달 대령이 퇴근길에 보안사 정보 보고서를 가져오면 받아서 총장께 드릴 계획이었으므로 권정달 대령이 보고차 방문한다는 사실을 총장님에게 사전에 보고하지 않았다.

19:05

슈퍼살롱 차량이 정문을 통과했다는 보고를 받다

———

19시 5분, 공관 정문 해병대 초병으로부터 슈퍼살롱 차량이 통과하
였다는 연락을 받고 현관으로 나갔다. 외출 대기 중이던 총장님의
자가용 뒤에 슈퍼살롱 차량이 서고 두 명이 내렸다. 둘 다 안면이 없
었다. 김인선 대위가 한 명을 알아보고 인사하기에 육군 범죄수사
단장 우경윤 대령인 것으로 알았고, 나머지 한 명은 보안사 정보처
장 권정달 대령이라고 생각하였다.

19:10
12 · 12 사건 최초 발생 과정
_____

1. 두 명의 대령, 총장님에게 직접 인사 요청

두 명의 대령은 차에서 내리자마자 긴급 보고서는 주지 않고
현관으로 걸어들어오면서 총장님을 뵙겠다고 하였다. 나는 총장님
에게 미리 보고하지 않았으므로 우선 1층 응접실 소파로 두 사람
을 안내하였다. 부관 방으로 가서 인터폰으로 총장님에게 "보안사
정보처장 권정달 대령이 보고차 왔습니다"라고 말하였다.

그 사이 1층에 두 명의 사복 차림의 남자가 신발을 신고 실내에
들어왔다. 김인선 경호장교가 "당신들 뭐요? 총장님께서 곧 내려오
시니 나가시오"라고 하자 그들은 머뭇거리면서 밖으로 나갔다.

2. 총장님, 응접실로 들어가다

총장님을 1층 응접실로 안내한 후 다시 부관 방으로 들어왔는데, 조금 전 나갔던 두 명이 다시 들어왔다. 공관 관리관 반일부 준위가 "커피 한 잔하겠소?"라며 1층 주방으로 가고, 부관 방에는 사복 차림의 두 명과 경호장교가 서 있어 조금은 혼잡하였다.

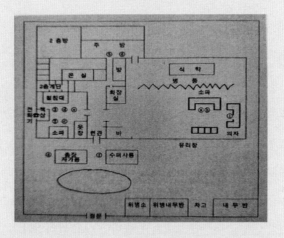

피격 당시 총장 공관 1층 응접실 ①번 위치에 총장님이 있었고, 부관 방 ②번 위치에 전속부관 이재천 소령, ③번 위치에 경호장교 김인선 대위가 있었다. 현관 입구 ④번 위치에 운전기사 장광식 상사, 응접실 주방 ⑤번과 ⑥번 위치에 관리관 반일부 준위와 근무병 김

○○ 병장이 있었으며, 응접실 ⓐ번과 ⓑ번 위치에 보안사 정보처
장 권정달 대령과 육군 범죄수사단장 우경윤 대령, 부관 방 ⓒ번과
ⓓ번 및 ⓔ번 위치에 사복 착용자, 현관 입구 ⓕ번 위치에 슈퍼살
롱 운전기사가 있었다.

3. 총장님의 호출 벨소리를 듣고 응접실로 뛰어가다

총장님이 응접실로 들어간 지 4~5분 후였다. 총장님이 호출하
는 벨소리를 듣고 바로 응접실로 뛰어갔다. 공관 1층 홀에는 손님을
맞이하는 응접실과 테이블이 있고 응접실 내 총장님 안락의자 손
잡이 밑에는 호출 벨이 있다. 총장님은 부관이나 근무병을 호출할
때 호출 벨을 누른다.

4. 총장님이 국방부 장관과의 전화 연결을 지시하다

응접실 문을 열고 문 앞*에 서서 "부관입니다"라고 했더니 총
장님은 "국방부 장관에게 전화를 연결하라"고 하였다. 동시에 공관
근무병 김 병장도 주방에서 나와 병풍 옆에 서서 총장님의 지시를
받았다. 이때까지만 해도 두 명의 대령은 별다른 변화가 없었다. 응

---

*　응접실 출입문과 총장님 의자까지 거리는 약 30미터다.

접실 출입문을 닫고 나와서 부관 방으로 왔는데, 사복 차림의 한 명이 더 들어와 세 명과 함께 경호장교 김인선 대위가 서 있었다.

5. 국방부 장관 공관으로 전화를 돌리는 순간, 피격되다

　나는 다이얼식 전화기를 들고 손가락으로 국방부 장관 공관의 전화번호 5026 중 5, 0 숫자를 돌렸다. 내 등 뒤에서 탕! 탕! 탕! 하는 총소리와 함께 복부에 통증과 중압감이 몰려온 동시에 무거운 물체가 뒤통수를 내리쳤다. 나는 책상 좌측과 소파 사이로 넘어지면서 의식을 잃었다. 세 명 중 한 명이 나에게 총을 쏘는 동안 나머지 두 명은 권총으로 김인선 경호장교 머리를 내리친 후 허벅지 등에 권총을 수 발 쏘았다.

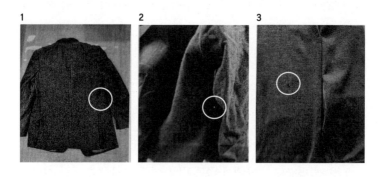

원 표시는 **1.** 겉옷 상의(뒤) **2.** 겉옷 상의 확대 **3.** 셔츠의 피격 흔적

6. 피격 후 정신 차려 전화기를 들다

뒤통수를 얻어 맞아 의식을 잃었던 나는 정신을 차린 후 책상 위의 전화기를 들어 피격 사실을 신고하려고 일어났다. 동시에 김인선 경호장교도 일어나려는데, 바깥에서 부관 방 안쪽을 향해 무차별적으로 계속 총을 쏘아댔다, 경호장교가 '으악' 하면서 쓰러졌고, 나는 허리에 차고 있던 권총을 찾았지만 이미 빼앗기고 없었다.

이때 현관 출입문 쪽에서 "총 쏘지 마라!"라고 고함 지르는 총장님의 목소리와 함께 차량 문을 닫는 소리가 '쾅' 하고 들렸다.

7. 응접실 바Bar로 피신, 육본 상황실로 최초 신고하다

부관 방 안으로 연신 총을 쏘고 현관 쪽에서도 총소리가 났다. 나는 불현듯 10·26 사건 당시 궁정동에서 중정원이 경호실 경호원을 향해 확인 사살했던 일이 뇌리를 스쳤다. 곧바로 또 다른 전화기가 있는 응접실 바Bar로 기어나갔다. 이때 방바닥에는 피가 낭자해 있었고 경호장교는 보이지 않았다. 몸을 만져보니 피는 흐르지 않았지만, 복부가 묵직해지면서 의식이 희미해지고 있었다.

필사적으로 육본 상황실장에게 전화 걸어 보안사 정보처장과 육군 범죄수사단장이 총장님을 납치하였으며, 차량은 슈퍼살롱이라고 최초 신고하였다.

8. 육본 참모차장에게 총장님 납치를 알리다

전화를 끊고 다시 육본 상황실에 전화를 걸었다. 이번에는 육군본부 윤성민 참모차장이 받았다. 나는 재차 "보안사 정보처장 권정달 대령과 육군 범죄수사단장이 총장님을 납치하였다"라고 보고한 후, 병력을 출동시키고 빨리 구급차를 보내달라고 요청하였다. 이때 손목시계를 보니 19시 50분이었다.

19:10~19:50

공관 안팎 근무자들의 증언

───────

공관 근무병 김○○ 병장

19시 10분 두 명의 대령이 차에서 내리자 나는 응접실로 안내하였다. 잠시 후 총장님이 2층 내실에서 내려오기에 1층 응접실로 모시고 커피 등의 차를 주문받기 위해 응접실 병풍 뒤에 대기하고 있었다. 한 명이 총장님에게 "이번에 진급시켜 주실 줄 알았는데 진급이 안 되어 섭섭합니다"라고 말하였다. 나머지 한 사람은 "총장께서 김재규한테 돈을 많이 받으셨더군요. 조사를 받기 위해 같이 가셔야겠습니다"라고 불손하게 말하는 것을 엿들었다.

그 순간 총장님의 호출 벨소리가 나서 병풍 뒤에서 응접실 쪽으로 나갔더니 부관 이 소령도 동시에 응접실 출입문 앞에서 서 있었다. 국방부 장관과 전화를 연결하라는 지시를 받고 부관은 부관 방으로 갔다.

부관이 나가는 순간 두 명이 "총장님, 가시지요!"라고 하니 총장님은 "그럼, 가자!"라고 하였다. 나와 반 준위가 두 명의 대령 쪽으로 다가가는 순간 부관 방에서 총소리가 났다. 총장님은 "총 쏘지 말라!"고 고함을 지르고 이내 밖으로 나가는데, 응접실 대형 유리창이 깨지며 한 사람이 뛰어들어 연행에 가담하였다. 이때 총장님이 "너는 누구냐?"라고 물으니 "보좌관이다. 세상이 바뀌었다"라고 소리쳤다.

공관 관리관 반일부 준위

나는 부관 방에서 나와 차를 주문하러 주방 쪽으로 갔다가 사색이 된 근무병 김 병장의 말을 듣고 응접실로 들어갔다. 그때 두 명이 총장님의 양팔을 끼고 걸어 나오는 것을 발견해서 즉시 "왜 이러십니까?" 하고 팔을 잡아당기는 순간, 부관 방에서 총소리가 계속 났다. 총장님이 "총 쏘지 말라"라고 고함을 지르자, 나는 '비상'이라 생각하였다. 부관 방문이 안에서 잠겨 있었기 때문에 현관 밖으로 뛰어나갔는데, 대기하던 차 안에서 현관 쪽으로 계속 총을 쏘기 시작하였다.

나는 현관 기둥에 몸을 피하면서 총장 공관 정문 초병 쪽으로 갔다. 이미 사복 요원과 육본 헌병대장이 헌병 초병들을 헌병내무반에 감금시킨 뒤였다. 그래서 해병대에 비상사태를 알리려고 담을 뛰어 넘어 해병대 경비대장 황 소령 방으로 들어가는 순간, 육군 헌병 복장을 한 수십 명이 들어왔다. 나는 반가워서 "빨리 총장 공관으로 가서 괴한들을 잡아라!"라고 소리쳤지만, 오히려 그들은 나와 황 소령을 개머리판으로 구타한 후 경비대장실에 감금시켰다.

의식을 잃은 뒤 깨어나 보니 도리어 해병대 경비병이 조금 전 나를 구타했던 육군 헌병들을 미니버스에 감금시켜 둔 상태였다.

총장 운전기사 장광식 상사

총장님의 외출 지시에 따라 자가용을 현관 앞에 대기해 놓고 있었다. 슈퍼살롱 차량이 총장 자가용 뒤에 서더니 차에서 내린 두 명은 부관의 안내로 현관 안으로 들어갔다. 슈퍼살롱 차량 앞 좌석에서 한 명과 뒷좌석에서 한 명, 운전기사 한 명 등 총 세 명이 내려 현관 밖에 대기하였다.

이 중 한 명이 나에게 와서 "총을 휴대하지 않았구먼!"이라고 얘기 하며 내 허리와 가슴을 만졌고 다른 두 명은 내 앞을 가로막고 서 있어서 불쾌하였다. 곧이어 세 사람이 현관 안으로 들어갔고 경호장교가 신발을 벗으라고 하자 다시 밖으로 나왔다.

총장님이 응접실로 들어가자 밖에 있던 세 명이 안으로 들어갔다. 수 분 후 부관 방에서 총소리가 탕! 탕! 탕! 나길래 부관 방 창문을 들여다 보았더니 한 명이 나를 향해 총을 쏘아대므로 뒤돌아섰다. 이때 공관 정문 쪽에서 M16 소총을 든 군복을 입은 10여 명이 공관 현관과 응접실 창문 쪽으로 전개하여 총을 겨누고 있었다.

계속 부관 방에서 총소리가 나자 공관 응접실 창문 쪽에 서 있던 한 명이 M16 소총으로 대형 유리문을 깨고 들어갔다. 이어서 밖으로 반일부 준위가 뛰어나오자 현관을 겨누고 있던 군인이 현관을 향해 사격을 개시하였다. 나는 자가용 우측 앞 타이어 부분을 의지해 쪼그려 앉아 있었는데, 현관 안에서 한 명이 권총을 들고 나와 나를 향해 총을 쏘는 순간 공관의 현관 안쪽 복도 끝부분에서 '윽' 하면서 한 명이 쓰려졌다.

그 때 정문 쪽에서 진입하던 군인이 총을 쏘아대므로 담장을 뛰어넘었는데, 외곽을 포위하고 있던 군인이 나를 체포한 후 해병대 막사 쪽으로 연행하였다. 나는 막사 안에서 M16 소총 개머리판으로 구타당하여 실신하였다. 얼마 후 깨어났더니 해병대 내무반이었고 반일부 준위도 보였다.

공관 위병조장 장OO 하사

10·26 사건 이후 비상계엄 중이었기 때문에 12월 12일 당시 육군 참모총장 공관은 정문에 1개 초소 등 총 4개 초소로 외곽 경계를 운영하고 있었다. 육본 헌병대 제2근무소대 소속 장OO 하사 등 총 20명이 근무하고 있었다.

이날 경계 근무조는 2개 조로 나눠 편성하였고, 2시간씩 교대로 근무하도록 하였다. 사건 발생 당시 정문 입구에는 초병 한 명이, 위병소 내에는 위병조장과 나OO 병장 두 명이 근무하고 있었다. 2초소와 3초소에 두 명씩, 4초소에는 미배치, 나머지 요원은 헌병 내무반에서 휴식 중이었다.

공관 경비 위병소 내의 탄약고에는 M16 소총 보통탄 2,000발과 권총 실탄 14발을 보관하고 열쇠로 잠궈 놓으나 비상사태인지라 위병조장인 나는 45구경 권총을 우측 탄띠에 차고 권총 실탄 14발은 권총 탄창에 넣어 탄띠 좌측의 탄입대 속에 넣고 있었다.

19시 5분경 공관의 부관 방에서 인터폰으로 슈퍼살롱 차량으로 손님이 오니 통과시키라는 연락을 받는 순간, 우리 헌병대 직속상관인 육본 헌병대장 차량(번호: 9721-1)이 도착하였다는 보고를 받고 밖으로 나갔다.

이OO 상병이 육본 헌병 대장 차량을 운전하여 성OO 대령이 선

탑자로서 먼저 내렸다. 직속상관인 헌병대장 이○○ 중령은 사복 요원 두 명에 의해 양쪽 팔이 잡힌 채로 하차하자마자 위병소 안으로 들어갔다. 동승했던 사복 요원 한 명이 정문 입구 초병에게 다가가 M16 소총의 실탄 장전 여부를 확인하였다. 동시에 슈퍼살롱 차량이 서행하면서 올라와 위병소의 사복 요원을 확인한 후 공관 현관 쪽으로 들어갔다.

이때 위병소 내 건물에는 성 대령, 헌병대장 이 중령, 사복 요원 두 명, 나 병장, 위병조장 등 총 여섯 명이 있었다. 성 대령이 "장 하사! 진급했느냐? 공관 내에 누가 권총과 실탄을 휴대했느냐?"라고 묻길래 나는 "경호장교만 휴대했습니다"라고 답하였다.

그 순간 성 대령이 권총과 실탄을 달라고 요구하였다. 나는 "경계 근무 중이고 직속상관 명령 없이는 줄 수 없습니다"라고 하였다. 성 대령이 헌병대장에게 지시하니 이 중령은 대답하는 대신 극도의 공포감에 휩싸여 떨리는 목소리로 "장 하사! 담배 있으면 한 대 달라"고 하였다. 그러는 사이에 공관 부관 방에서 탕! 탕! 탕! 총소리가 나자 성 대령과 사복 요원 한 명이 나와 나 병장을 헌병 내무반으로 강제로 이동시키고 우리 헌병 근무병들을 권총으로 겨누면서 감금하였다.

그 순간 공관 정문 밖에서 대기하던 군인들이 공관 현관으로 뛰어

들어가는 소리가 들리고 연속적으로 총소리가 들렸다. 이때 반일부 준위가 뛰어와서 "헌병! 헌병!"하고 내무반 문을 열려고 했지만, 문이 안에서 잠겨져 있었으므로 열지 못하였다.

얼마 후 슈퍼살롱 차량이 공관 정문으로 나가는 소리가 들리자, 우리를 감금하고 있던 성 대령과 사복 요원이 뛰어나갔다.

> ＊1994년 대검찰청에서 12·12 사태 조사 시
> 공관 안과 밖 근무자들이 직접 작성, 증언한 내용임

20:00
죽기 살기 심정으로 해군 제2차장 공관 담장을 넘다

계속 응접실 바에 몸을 숨기고 있는데, 요청한 구급차 소리는 들리지 않고 조금 전까지 쏘아대던 총소리는 멈추고 인기척도 사라져 조용하였다. 내 몸은 피 한 방울 나지 않는데도 복부가 점점 굳어지는 느낌이 들고 의식도 없어져 갔다. '이왕 죽을 바에야 밖에 나가서 죽겠다'라는 생각으로 현관 밖으로 나갔다.

현관 앞에서 서성거리고 있던 육본 헌병대장 이 중령에게 "보안사 정보처장 권정달 대령과 육군 범죄수사단장 우경윤 대령이 총장님을 납치해 갔다"라고 보고하였다. 내 몸 상태를 본 이 중령은

공관용 포니 승용차(운전병 이혁우 일병)를 불러 인근에 있는 순천
향대학교 병원으로 가라고 하였다.

　그런데 정문을 지키고 있던 해병대 초병이 육군 참모총장 공관
승용차와 승차자가 전속부관임을 알아보고 정문 통과가 불가하다
고 하였다. 한남동 공관 정문을 두고 양쪽에서 대치하며 총을 쏘아
대는 상황이었다. 나는 해군 제2차장 공관 정문 쪽으로 걸어가서
정문 초병에게 병원으로 긴급 환자 후송을 부탁하였다. 초병이 인
터폰으로 전화한 뒤 또 다른 초병이 높은 담장의 철조망을 걷고 개
머리판으로 담장 밖 민가의 창문을 깨뜨려 나와 이혁우 운전병을
그 창문으로 올려보내 주었다.

21:50
순천향대학교 병원 도착, 의식을 잃다

민가 주인의 도움으로 높은 계단을 내려와 순천향대학교 병원으로
걸어갔다. 맨발이라 발이 무척 시렸다. 한남대교와 장충동 길가에
는 차량이 막혀 있고 사이렌 소리가 요란한데, 나는 눈조차 뜰 수
없을 정도로 의식이 희미해졌다.

　잠시 의식을 잃었다가 깨어나 보니 눈 앞에 육본 의무실장 진춘
조 소령이 있었다. 순간 나는 '살았구나!'라고 생각하였다. 그 시각이
21시 50분이라는 것을 나중에 알았다. 그리고 또 정신을 잃었다.

국군수도통합병원 입원 생활

1979년 12월 13일(목)

의식 잃은 지 12시간 만에 눈 뜨다

어젯밤 21시 50분 의식을 잃은 후 덜커덩 소리에 눈을 떠보니 들것에 실려 군용 구급차로 옮겨지고 있었다. 살아서 다시 세상을 보는 순간, 손발에는 차디찬 추위와 북부에서는 극심한 통증이 느껴졌다. 한남동 순천향대학교 병원 응급실에서 화곡동 국군수도통합병원*으로 이송되는 군용 구급차 안에서 인솔자에게 "몇 시냐?"라고 물으니 "10시"라고 하였다.

국군수도통합병원 4층은 철제 침대가 위아래로 놓인 4인용 병실이었다. 옆에 있는 환자들이 수군거렸지만, 복부 통증이 심해 정확한 내용은 알 수 없었다. 오후에 이동식 들것에 실려 병실을 옮겼

---

* 1984년 현재 명칭인 국군수도병원으로 바뀌었고, 1999년 현 위치인 성남시 분당구로 이전하였다.

다. 생사를 같이했던 경호장교 김인선 대위가 일어나서 나를 맞이하였다. 엉망이 된 내 복부를 보고 아연실색하더니 "선배님! 괜찮습니까?"라고 하였다. 김 대위도 눈 부위에 붕대를 감고 허벅지에도 총을 맞았다고 하였다. 자신은 외상만 치료하고 수술은 하지 않았다고 말하였다.

우리는 간호장교에게 총장님의 생사를 물었다. 하지만 방송이나 신문에 전혀 보도되지 않아 모른다고 답하였다. 나는 아내에게 연락해달라고 부탁하였다. 그리고 군의관에게 내 몸 상태를 물었지만, 그는 수술 차트가 없어 전혀 모른다고 답하였다.

1979년 12월 14일(금)
만삭인 아내와 상봉하다

———

밤새 통증으로 제대로 잠을 이루지 못해 나는 극도로 지쳤지만, 김 대위는 씩씩하였다. 이런 나를 위로라도 하듯이 반가운 얼굴이 찾아왔다. 만삭의 아내는 창백한 내 얼굴을 보자마자 울먹이면서 "살아있어 고맙다"고 하였다. 그러고는 내 복부를 보면서 어디를 어떻게 다쳤으며 어떤 상태이냐며 물었지만, "나도 모른다"고 하였다. "어떻게 찾아왔느냐?"고 내가 묻자, 어제 병원에 왔었지만 면회가 불가해 오늘 다시 왔더니 허락하였다고 말하였다.

1979년 12월 15일(토)

진춘조 소령으로부터 수술 상황을 듣다

————

김 대위와 나는 12일 저녁의 사건을 되새기면서 전투에 실패한 군인으로서 할 말을 잊고 있었다. 오후 늦은 시간 담당 군의관과 육본 의무실장 진춘조 소령이 방문하였다. 진 소령은 상황이 상황인지라 12일 저녁의 사건 이야기는 자세히 하지 않고, 의사로서 그날 저녁 수술 직전의 상황과 수술 후 내 몸 상태를 설명하였다. 권총 한 발이 내 간을 관통해 소장에 박혔는데, 파열된 간은 꿰매고 소장의 ⅙을 절개하는 대수술을 했단다. 특히 몸 안의 출혈이 극심해 죽기 직전이었다며 밤 12시가 넘어서 개복수술을 하였다고 전하였다. 김 대위는 다리에 맞은 총알 네 발 중 두 발은 관통했으나 꼬리뼈 부분의 다리 쪽과 얼굴에 박힌 총알 한 발씩은 수술로 제거할 수 없다고 하였다.

1979년 12월 16일(일)

외부와의 단절

————

밤새 복부 통증으로 잠을 설치고 겨우 눈을 떴다. 먼저 일어난 김 대위가 병실 문을 여니 문 앞에 헌병이 지키고 있었다. 우리는 이때부터 외부로부터 격리되었다. 병실에는 라디오나 TV가 없었고 신문조차도 볼 수 없어 사건 소식을 전혀 알 수가 없었다.

1979년 12월 17일(월)
뒤죽박죽된 장기들이 제자리를 찾다
———————

한밤중에 고통이 너무 심하여 고함을 지르자, 당직 군의관이 달려와 주사 한 대를 놔줬다. 군의관은 빨리 나아서 퇴원하고 싶으면 병원 1층부터 5층까지 계단을 오르락내리락 뛰어다니라고 하였다. 복부에 흘린 피가 굳어서 씻어 내느라 뒤죽박죽되었던 장기가 제자리로 찾아가느라 아픈 것이니 걱정하지 말라고도 하였다.

1979년 12월 18일(화)
배를 움켜쥐고 1층부터 5층까지 계단을 뛰다
———————

10·26부터 12·12까지 격동의 사건 현장을 생각하다가 총장님을 떠올리니 젊은 혈기에 울화통이 터졌다. 하지만 나는 내 몸의 고통부터 걷어내어야 하였다. 군의관의 조언대로 1층부터 5층까지 배를 움켜쥐고 뛰기 시작하였다. 사관생도 시절 동복 유격장에서 극한 훈련을 의지로 극복했던 그 정신으로⋯⋯.

1979년 12월 22일(토)

아내의 순산 소식을 듣다

————

나흘간 배를 움켜쥐고 계단을 오르락내리락한 결과 복부 통증은 다소 완화되는가 싶더니 오른쪽 복부가 다시 아프기 시작하였다. 결국 복부에 찬 물을 빼내기 위해 호스를 달았다.

이제 겨우 살만해졌는지 갑자기 만삭의 아내가 생각났다. 날짜를 가늠해 보니 출산 예정일이 4일이나 지났다. 곧바로 육사 31기 후배의 애인인 간호장교에게 아내의 출산 여부를 알아봐달라고 부탁하였다. 얼마 후 전화로 확인하였다면서 "산모는 순산했고, 건강하고 예쁜 딸아이를 낳았다"라고 하였다.

1979년 12월 25일(화)

병실에서 크리스마스를 맞다

————

병실 입구에 배치된 헌병이 병동 출입자를 일일이 기록함에도 불구하고 나보다 3년 후배인 김 대위 친구들은 자주 면회를 왔다. 크리스마스인 오늘도 마찬가지다. 하지만 나를 찾아오는 동기생은 한 명도 없어 한편으로는 서운하기도 하였다.

김 대위는 동기생들이 몰래 갖고 온 〈조선일보〉를 나에게 보여

주었다. 합수부단장이 아닌 국방부 대변실에서 12·12 사건 전모를
발표한 기사가 있었다.

1979년 12월 26일(수)
김 대위와 분리되다
————

자고 일어나니 간호장교가 와서 김 대위에게 다른 방으로 옮겨야
한다며 휴대품을 챙기라고 하였다. 입원한 기간이 2주일이나 지났
는데, 우리를 조사하지도 않고 출입자만 일일이 통제하더니 결국
둘을 갈라놓기 위해 병실을 분리하였다.

1979년 12월 27일(목)
혼자가 된 병실에서 만감이 교차되다
————

소위로 임관한 지 7년 차 군인의 길! 그동안 나는 누구를 위해, 무엇
을 위해 헌신했는가? '안일한 불의의 길보다 험난한 정의의 길을 택
한다'는 사관생도의 신조를 매일 조석으로 암송하며 내 인생의 길
잡이로 삼았는데, 지금의 현실은 어떤가?

1979년 12월 29일(토)
점점 쇠약해짐을 느끼다

병원에 입원한 지도 17일 차가 되었다. 군의관은 별다른 말이 없고 우리를 통제하는 보안부 대원도 보이지 않았다. 하지만 나는 피를 많이 흘린 탓인지 병원에서 주는 밥으로는 건강이 회복되기는커녕 점점 쇠약해지는 것 같아 견딜 수가 없었다.

12월 12일 저녁 계엄사령관을 불법 납치하도록 전화했던 보안사령관 수석부관 황 소령에게 전화를 걸었다. "나를 법정에 세우든지 아니면 집에 가게 해달라"고 항의하였다. 황 소령은 "미안한데, 조금만 기다리라"고 말하였다.

1979년 12월 30일(일)
강보에 싸인 예쁜 딸과 만나다

엄동설한에 산모인데도 불구하고 아기를 안은 아내와 어머님, 이모님, 처제까지 온 가족이 면회를 왔다. "출산 때 곁에 없어서 미안하다"고 말하자, 아내는 "도인 아빠(육사 동기 김준관)가 새벽에 목영자 산부인과의 담을 뛰어넘어 겨우 출산할 수 있었다"라고 눈물을 글썽이며 말하였다.

보안사 서빙고 대공분실 수감 생활

1980년 1월 7일(월) : 감방 생활 1일 차
감방 생활을 시작하다

새해가 시작된 지도 1주일이 지났다. 그러나 현실은 갑갑한 병실이다. 아침을 먹고 나니 간호장교가 와서 퇴원한다는 소식을 전하며 휴대품을 챙기라고 하였다. 간호장교를 따라 1층 현관을 나섰는데, 어떤 사나이가 인사를 한 뒤 군용 지프에 타라고 하였다. 순간 '조사 받으려 가는구나!'라고 생각하였다.

차는 강변북로를 따라 서빙고초등학교 방향으로 접어들더니 지난 9월 초 총장님을 모시고 순시했던 보안사 서빙고 대공분실로 들어갔다. 차에서 내려 안내하는 곳으로 갈 때만 해도 나는 조사 받은 후 귀가할 것이라고 생각하였다. 하지만 그곳은 조사실이 아닌 감방이었다. 1층 복도를 중심으로 좌우측에 감방이 있었는데, 나에게 중간쯤에 있는 약 8제곱미터(2~3평) 정도의 독방에 들어가라고 하였다. 입구에 화장실이 있고 안쪽에는 침대가 놓여 있었다.

다행히 높은 곳에 조그마한 창문이 있어서 햇볕이 들어왔다.

　잠시 후 간수인지 모를 사람이 오길래 "사건 조사를 언제쯤 하느냐?"라고 물었다. 그는 "이곳은 시키는 대로 해야 한다"라고 퉁명스럽게 대답한 뒤 주의사항만 이야기하고 나가 버렸다.

　점심시간쯤 똑! 똑! 두드리는 소리에 문을 열어 보니 식판이 있었다. 다 먹으면 문밖에 내놓으라고 하였다. 말로만 듣던 콩밥은 아니었다. 사관생도 시절 식판에 담긴 음식을 남김없이 먹던 버릇 때문인지, 전방 생활 당시 독신으로 병사와 함께 병식을 자주 먹었던 식습관 탓인지 뚝딱 해치우고 식판을 문밖에 내놓았다 그 순간 반대편 감방에서 식판을 내놓은 사람을 봤다. 12·12 이전까지 군부대를 호령하던 ○○○ 장군이었다.

　햇볕이 없는 밤이 되니 하얀 벽이 나를 압박해왔다. 어느 좁은 굴에 갇힌 것처럼 갑자기 육체적으로 정신적으로 나를 조여오는 기분이었다. 22시가 되자 불이 꺼졌는데, 잠은 오지 않고 더욱 미칠 것만 같았다. 침대 위에서 계속 뒤척이면서 거짓과 인신 구속에 대한 울분을 삼켰다.

1980년 1월 8일(화) : 감방 생활 2일 차

식판을 내놓다가 또 다른 장군을 보다

————

아침 식판을 내놓으면서 또 다른 장군을 보았다. 벌써 두 분의 장군이 식판을 내놓은 것을 보니 계엄사령관 불법 연행 이후 많은 장군이 이곳 서빙고 대공분실에 갇힌 것으로 여겨졌다. 순간 총장님도 이곳에 와 계실 것이라는 생각이 들었다.

지난 9월 순시 때 대공분실 취조실 광경이 떠올랐다. 당시 총장님은 카터의 주한미군 철수와 긴급조치로 인해 사회가 혼란해지자 북괴 공산집단의 대공 사건 등을 미리 예측하고 육군 교도소와 이곳 서빙고 대공분실을 점검차 순시하였다. 참으로 아이러니하고도 진실이 전도된 현실이다.

1980년 1월 9일(수) : 감방 생활 3일 차
서빙고 대공분실 수사관과의 면담

―――――

저녁 식사시간이 지나고 한참 후 안내자를 따라간 곳에 김인선 대위도 와 있었다. 병원에서 헤어진 이후 첫 만남이다. 역시 김 대위와는 생사를 같이하는 운명의 공동체였다.

조금 후 건장한 사나이가 와서 ○○○ 과장이라고 자신을 소개하였다. "우리를 언제 조사하느냐?"는 항의에는 대답도 하지 않고 무관심하게 딴전을 피우더니 10·26 사건 때 박흥주 대령의 이야기를 늘어놓았다.

1980년 1월 10일(목) : 감방 생활 4일 차
지난 시간을 반성하다

————

하도 갑갑하여 창밖 세상을 보기 위해 의자 위로 올라갔다. 보안사 서빙고 대공분실 마당의 잔디 위를 제3군사령관 이○○ 장군이 걷고 있었다. 순간 '총장님은 어디에서 어떻게 계실까?' 하는 궁금증과 함께 울화통이 치밀어 왔다. 마음을 가라앉히고 1977년 8월부터 1979년 12월 12일까지 30여 개월 동안 육사 교장, 1군사령관, 육군 참모총장을 모셨던 내 임무를 돌이켜 보면서 반성하였다. 육군 참모총장이자 계엄사령관의 전속부관으로서 상관을 잘 모시지 못하였다는 생각이 들어 극심한 자괴감에 빠졌다.

　전속부관 임무의 핵심은 공인인 장군의 신변을 책임져야 하는 막중함이다. 특히 야간은 전적으로 전속부관인 나의 판단으로 이루어진다. 이런 이유로 전속부관 방은 공관 입구에 배치되어 공간 출입과 경계 임무를 통제하고 감독해야 할 위치에 있다. 결국 12월 12일 저녁 출입자 통제는 0점이었다.

1980년 1월 11일(금) : 감방 생활 5일 차
자괴감으로 견딜 수가 없다

————

어제저녁부터 자괴감에 빠져 아침에는 밥맛도 없었다. 그러나 살기 위해 억지로 먹었더니 소화도 안 되어 괴로웠다.

1980년 1월 12일(토) : 감방 생활 6일 차
몸이 아파 미칠 지경이다

————

수술한 부위가 부풀어 오르고 꿰어 맨 자국이 몹시 당겨서 몸을 구부릴 수가 없다. 진춘조 소령의 이야기대로 파열된 간이 다 나아가는지, 절개한 소장 부위는 정상적으로 회복되었는지 알 수가 없다. 온종일 통증에 시달리고 몸 상태를 걱정하다가 우울증이 생길 지경이었다. 더욱이 몸이 아프다고 해도 의사 진단이나 처방은 전혀 없었다.

1980년 1월 13일(일) : 감방 생활 7일 차
맥주에 치킨으로 회유를 당하다

————

오늘은 수사관이 김인선 대위와 나를 불러내 치킨을 주더니 맥주까지 권하였다. 나는 아직도 통증이 있어 맥주는 사양하고 치킨을 먹었고, 김 대위는 맥주도 마셨다. 역시 나와는 체력이 다르다.

그러면서 과장은 지난번 이야기하던 10·26 사건 당시 박흥주 대령의 군인정신에 대해 또다시 호평을 늘어놓았다. 그러면서 "수양하는 셈 치고 감방에서 책이나 읽으라"며 읽고 싶은 책을 물었다. 나는 "불교에 관한 책을 달라"고 말하였다.

1980년 1월 14일(월) : 감방 생활 8일 차
〈반야심경〉 암송으로 감방이 넓어지다
————

지금 이 고통을 이겨내는 방법은 내 머리를 뒤덮고 있는 울분과 불안함을 떨쳐내는 것이다. 하루 종일 〈반야심경〉을 소리내어 읽고 또 읽고 외우기를 반복하였다. 불 끄고 눈을 감으니 나를 조여오던 이 좁은 감방이 엄청나게 넓게 느껴졌다.

1980년 1월 15일(화) : 감방 생활 9일 차
내게 닥친 현실을 받아들여야 한다
————

임관 후 전방 부대에서 근무해 경험을 다지고 다시 모교 육사로 명령을 받아 돌아왔다. 운명적으로 다가온 육사 교장 전속부관, 제1야전군사령관 전속부관, 그리고 결혼, 육군 참모총장 전속부관으로 차곡차곡 경력을 쌓아갔다. 12월 12일 이전까지는……. 그런데 나는 지금 감방에 있다. 내가 무엇을 잘못했는지 조사하지도 않고 부당하게 인신 구속을 한 채 불법으로 감금하고 있다.

엄연한 현실의 변화를 인정하지 않는다면 석가의 말씀대로 나의 고통만 남는다. 더욱이 나는 오장육부가 찢긴 육체적 환자에다 정신적 충격까지 받은 상태다.

1980년 1월 16일(수) : 감방 생활 10일 차
또다시 엄습해 오는 자괴감
————

그날 저녁, 방문한 사람들의 수상한 점을 파악하여 총장님을 대피시켰더라면 어땠을까? 그날 저녁 나와 경호장교가 권총을 차지 않았더라면 사고가 나지 않았을까? 상황 인식이 부족했던 나의 판단이 역사적 사건의 원인이 되었다는 사실 때문에 자꾸만 자괴감이 엄습해 와 너무나 괴로웠다.

1980년 1월 17일(목) : 감방 생활 11일 차
기회주의적 태도로 범행 방조라니!
————

국군수도통합병원에서 가져온 12월 25일 일간지에 게재된 '정승화 전 총장 내란 방조 혐의 구속' 기사를 다시 읽어 보았다. 10월 26일 저녁 김재규가 대통령 시해 범인이라는 심증을 굳히고도 기회주의적 태도로 김재규의 범행을 방조하였다는 죄목이었다. 그것도 '묵시적으로'라니 참으로 기가 막혔다.

그날 전 국무위원이 지켜본 위기 조치를 '방조'라고 하다니! 내가 봤던 아니 국정 운영에 막중한 책임이 있는 국무위원들이 그날 그 현장에서 8시간 동안 총장님의 위기 조치 과정과 결과를 똑똑히 지켜봤는데도 '방조'라고 하였다. 새벽 4시 국무회의를 마치고 나오는 국무위원들이 한결같이 이구동성으로 총장님을 격찬하는 것을 목격했는데도 말이다.

그날의 위기 조치 과정과 결과가 만천하에 공개되었다. 10월 26일 20시 이후부터 심야 국무회의를 거쳐 최규하 국무총리가 대통령 권한대행이 되고 27일 새벽 4시 비상계엄령이 발령될 때까지 한 발의 총성이나 무력 충돌 없이 차분하게 국가 권력을 이양시킨 것이 정승화 총장의 명백한 결단임을 전 국민에게 공개해 놓고도 '방조'라고 하였다.

월간 〈샘터〉의 오 주간이 어려운 시국을 매우 침착하고 합리적인 태도로 질서를 유지하면서 국가 발전의 뒷받침을 하는 계엄사령관이 어떤 분인지 궁금해하는 독자를 위해 인터뷰를 요청하게 되었다는 것이 이를 뒷받침한다.

1980년 1월 18일(금) : 감방 생활 12일 차
총장님의 위기 조치는 방조가 아닌 냉철함

오늘도 침대 위에서 격동의 10·26 그날 밤의 상황을 생각에 생각을 거듭해 되새겨 보았다. 명색이 육군 참모총장을 그림자처럼 따라다녔던 전속부관인데, 나는 김재규가 대통령 시해 범인이라는 사실을 27일 6시 10분 육본 사무실에서 공보관이 들고 온 라디오 방송을 듣고서야 알았다.

1979년 12월 25일 자 신문 보도에는 10·26 사건 당일 총장님이 수경사 병력으로 청와대를 포위하도록 지시한 것이 방조죄라고 했지만, 총장님은 총 한 발 쏘지 않고 국가 권력을 이양시켰으므로 이것은 명백한 트집이다. 또 민간인인 〈샘터〉의 오 주간이 "위급한 절체절명의 순간에 용기와 결단을 내리는 힘을 낼 수 있는 근원이 무엇이냐?"는 질문에 총장님은 "오로지 사를 버리고 공을 위하는 멸사봉공의 책임감과 냉철함에서 나온다"고 말하였다. 그러므로 10·26 사건 이후 총장님의 위기 조치와 12월 12일 계엄사령관 연행 때 선제 사격은 너무나 대비되었다.

1980년 1월 19일(토) : 감방 생활 13일 차
10·26 사건 다음날 대화가 생각나다

석가의 말씀대로 아무리 변화된 현실과 어제의 나를 버리려고 해도 자꾸만 지나간 일들이 떠올랐다. 27일 7시 30분 식당에서 총장 집무실로 걸어오는 길에 총장님과 이희성 참모차장과의 대화가 생각났다.

이희성 참모차장이 "어제저녁 9공수부대와 20사단이 출동해 청와대를 포위하라고 지시한 명령을 중지한 것은 참으로 큰 결단이셨습니다"라고 말하였다. 그러자 총장님은 "9공수부대와 20사단 병력 출동 명령을 중지하지 않았더라면 나는 꼼짝없이 김재규가 시키는 대로 해서 큰일 날 뻔했어요"라고 하였다. 그러면서 "1948년 소위 임관 후부터 6·25 전쟁에 이어 간밤에 열세 번째 사선을 넘었다"라고 한 말씀이 생각나 울분이 치밀어 잠을 이룰 수 없었다.

10월 26일 20시경 총장님은 육본 벙커에 도착한 후 대통령 시해 사건이 차지철 경호실장 소행일 것이라고 혼자 짐작하고 참모차장 및 참모들과 협의해 9공수여단과 20사단 출동을 명하였다. 이후 이재전 경호실 차장과 전화 통화하며 경호실 소행도 아님을 파악하고는 22시 30분경 2개 부대의 출동을 중지시켰다. 총장님이 김재규가 범인임을 인지한 시각은 23시 30분 무렵이었다.

그러나 합동수사본부는 총장님이 김재규가 범인이라는 심증을 굳히고도 기회주의적인 야심을 품고 김재규를 빨리 잡지 않았고, 수경사 병력으로 청와대를 포위한 점만 부각하였다. 이것은 애

매한 첩보를 확실한 정보로 만들어 나가는 과정이자, 군사정보 판단의 원칙을 송두리째 무시한 무식한 발표였다. 특히 국가 위기가 발생했을 때 군령권을 쥔 육군 참모총장으로서 제일 먼저 조치해야 할 사항은 전 부대에 비상 사태를 발령하고 전 부대를 장악하는 것이지, 범인을 색출하는 것이 급선무가 아님을 삼척동자라도 다 아는데, 이 사실을 왜곡한 것이다.

1980년 1월 20일(일) : 감방 생활 14일 차
너무 다른 김재규 체포 과정과 정승화 연행 과정

_____

여기 온 지도 14일째, 잊으려 해도 자꾸 내가 직접 겪었던 10·26 사건과 12·12 사태를 다룬 신문 기사가 대비되어 곱씹을 수밖에 없다. 김재규의 체포 과정과 정승화 총장의 연행 과정이 너무 달랐기 때문이다. 정승화 총장은 10월 26일 김재규의 초청으로 궁정동을 방문했으나, 처음부터 궁정동 담을 두고 근거리에 대통령이 있다는 사실과 김재규가 대통령 시해 범인이라는 것을 몰랐다. 그러나 12·12 당시 전두환 소장과 공관으로 총장을 연행하러 온 수사관들은 이미 그 사실을 알고 있었다. 따라서 10·26 때 정승화 총장은 김재규와 사전 공모하지 않았으나 12·12 때 전두환 소장은 한남동 공관에 총장을 연행하려 온 수사관과 사전 모의하였다.

10·26은 정승화 계엄사령관이 기지를 발휘해 김재규를 육본 벙커로 데리고 와서 국방부 장관 이하 핵심 참모를 소집하여 정상적으로 처리한 사건이다. 즉 총장의 권한인 2급 비상사태 발령 후 김재규를 체포하고 비상 국무회의를 거쳐 계엄령을 발령함으로써 아무런 충돌 없이 사건을 원만하게 수행해 절차적 정당성을 확보하였다.

그러나 12·12 사건 당시 전두환 소장은 사전에 정승화의 왜곡된 혐의를 신군부와 모의하였다. 계엄사령관이 현행범이 아님에도 불구하고 부하 수사관을 보내 연행하였다. 더구나 본인의 직속 상관인 노재현 국방부 장관의 공관이 육군 참모총장 공관 바로 앞에 있었지만 직접 오지 않았다. 결국 최규하 대통령의 승인 없이 계엄사령관을 사전 연행함으로써 절차적으로 위법을 범하였다.

1980년 1월 21일(월) : 감방 생활 15일 차
총장님은 왜 차지철 경호실장을 오해했을까?

———

오늘도 나는 독방에서 하루 세끼 밥 먹고 잠자는 일을 반복하고 있다. 합동수사본부는 "정승화 총장이 김재규가 범인이라는 심증을 굳히고도 기회주의적 야심을 품었다"고 발표하였다. 그러나 총장님은 차 안에서 김재규가 대통령 유고 사실을 밝혔을 때 범인이 차지철 경호실장일 것으로 판단하였다.

　　총장님은 왜 경호실장 소행이라고 생각했을까? 아마 경호실장의 월권 행위 때문이었을 것이다. 내가 목격한 차지철 경호실장의 월권 행위는 카터 대통령의 방한 준비차 경호·경비 대책회의가 수시로 개최되었을 때다. 경호·경비 대책회의 때 좌석 배열을 두고 수행 비서관들끼리 수군거렸다. 직사각형 회의 탁자 중앙 상석에 경호실장이 앉고 좌우측에 중정부장, 법무부 장관, 내무부 장관, 국방부 장관, 육·해·공군 참모총장을 배치하는 등 경호실장이 국무위원을 거느리는 형식에 모두가 불쾌하게 생각하더라는 것이다.

　　특히 경호실장이 주관한 30경비단 연병장 하기식에 외부인들을 참석시켜 본인이 30경비단 군병력으로부터 사열을 받는 행위, 경호실장 이름이 새겨진 특수 휘장을 제작하여 육·해·공군 총장의 가슴에 달아준 뒤 이를 경호·경비 대책회의 참석 때 달고 오도록 하는 행위 등은 명백한 월권이었다.

1980년 1월 22일(화) : 감방 생활 16일 차
나는 죄인인가, 보호받고 있는 것인가?

————

오늘도 나는 독방 신세로 아침을 맞았다. 그런데 어느덧 감방 생활에 익숙해지는 느낌이 들었다. 기다리던 사건 조사는 이루어지지 않았는데, 언젠가부터 죄인을 교도하는 것이 아니라 도리어 신변을 보호하는 것 같았다. 그러나 나는 지금 환자다. 통증은 심하고 힘도 없다. 점심 식사를 수령할 때 병원 진료를 신청하였다.

1980년 1월 23일(수) : 감방 생활 17일 차
공관 경호병이 선제 사격하였다고 왜곡하다
———

아침밥을 먹고 난 후 국군수도통합병원에서 갖고 온 1979년 12월 25일 자 신문을 다시 읽었다. 12·12 계엄사령관 연행 경위 기사에 따르면, 그날 저녁 보안사 수사관들이 총장에게 자발적으로 출두해 수사에 협조할 것을 요구했으나 정 총장이 동행을 거부하고 소리를 지르자, 공관 경호병들이 즉각 사격을 시작해 공관 경비병과 수사관 사이에 총격전이 벌어졌다고 하였다.

그러나 총장님은 고함을 지르지 않고 호출 벨을 눌러 나에게 국방부 장관에게 전화를 연결하라고 하였다. 부관 방으로 와서 장관 공관으로 전화 다이얼을 돌리는 순간 등 뒤에서 총을 쏘고 뒤통수를 내리쳐서 나는 실신했었다. 총장님이 고함을 지르는 대신 전화 연결을 지시한 사실을 합동수사본부는 왜곡하고 있다.

1980년 1월 24일(목) : 감방 생활 18일 차

김재규와 정승화 총장의 저녁 약속이 먼저다

———————

아픈 몸이지만, 중차대한 사건 현장에 총장님을 근접 수행했던 나로서는 이 두 사건에 대해 깊이 생각하지 않을 수 없었다. 합동수사본부는 1979년 10월 28일, 10·26 사건 중간발표를 통해 경호실장이 대통령과 저녁 식사하겠다고 김재규에게 연락한 시간이 10월 26일 16시 30분이고, 18시 20분부터 만찬이 시작되었다고 발표하였다. 그런데 10월 26일 참모총장 수석부관 황 대령이 김재규로부터 전화를 받은 시간은 16시 15분이다. 총장님에게 김재규의 전화를 연결한 후 황 대령이 나에게 18시 30분까지 궁정동으로 모시라고 하였다.

따라서 내가 목격한 김재규와 정승화 총장과의 전화 연결 시간은 분명히 10월 26일 16시 15분이다. 합동수사본부가 1979년 10월 27일 초동 수사한 후, 다음날 언론에 중간 발표한 대통령과의 만찬 약속 시각은 10월 26일 16시 30분이므로 김재규가 시해 목적으로 참모총장과 사전 약속한 것이 아니라는 점이 입증된다. 이렇게 판단할 수 있는 이유는 사건 다음 날인 10월 27일 긴급 투입된 수사관들의 초동 수사야말로 진실에 가깝기 때문이다.

1980년 1월 25일(금) : 감방 생활 19일 차
김재규는 내란 목적을 위한 사후 조치가 없었다

김재규의 범행 동기에 대해서도 생각하였다. 대통령 시해는 국가 권력을 파괴하기 위한 목적의 내란이자 살인죄임이 틀림없다. 그러나 김재규는 대통령 시해 후 총장님과 차를 타고 이동하는 도중에 계엄을 선포해야 한다고 주장했을 뿐, 육본 벙커에 온 이후부터 체포될 때까지 총장을 포함한 국무위원을 위협하지 않았다.

특히 동행한 박흥주 대령이나 나중에 육본 벙커에 합류한 중정 부장 경호원에게 김재규는 그 어떤 무력 사용도 지시하지 않았다. 총장님이 위기 조치한 8시간 동안 육본 벙커 내외부에서 한 발의 총소리도 나지 않았고 어떠한 무력 충돌도 없었으므로 군령권을 쥔 참모총장을 사전에 불러 놓고 대통령을 시해하였다는 것은 도저히 이해되지 않는다.

나는 10월 26일 저녁 동안 박흥주 대령을 세 번씩이나 목격했지만, 박흥주 대령은 내란 목적으로 사전에 계획하였다고는 상상할 수 없을 정도로 그 어떤 행동도 취하지 않았다. 박흥주 대령을 처음 본 시각은 19시 43분이었다. 궁정동 부속건물에서 대기하던 중 요란한 벨소리가 나는 순간, 출발한다는 신호인 줄 알고 밖으로 뛰어나갔더니 박흥주 대령이 "이 소령! 안으로 들어가라"고 하였을 때다.

두 번째는 21시 30분 육본 벙커 내 육군 참모총장 집무실에 최규하 국무총리와 김계원 비서실장이 도착한 이후다. 좁은 벙커 통로에 국무위원 수행원과 박흥주 대령이 있어서 "선배님, 무슨 일입니까?"라고 물었더니 "나도 모른다"라고 하며 멍하게 서 있었을 때였다.

세 번째 본 시각은 23시 15분으로, 총장님이 육본 벙커에서 비상 통로를 통해 국방부 장관실로 들어간 이후다. 장관실 앞 복도에 대기하던 어느 전속부관이 내게 와서 "무슨 일이냐?"라고 묻길래 "나도 잘 모른다"라고만 하였다. 뒤쪽 벽에서 박흥주 대령이 보이기에 다가가 무슨 일이냐고 또다시 물었을 때도 묵묵부답하며 멍하게 서 있기만 하였다.

1980년 1월 26일(토) : 감방 생활 20일 차
합수부, 거짓된 조사 내용으로 대국민 발표

———————

조사를 한 번도 받지 않고 나는 20일째 감방 생활이다. 합동수사본부는 12월 12일 밤의 공관 경호병의 선제 사격으로 인하여 수사관과 총격전이 발생하였다고 국민에게 발표하였다. 그렇다면 공관 경호병은 나와 김인선 경호장교뿐이다. 12일 저녁 장관 공관으로 전화하던 부관 방에서 총소리가 처음 났는데도…….

1980년 1월 27일(일) : 감방 생활 21일 차

조사도 없이 감방에 계속 가두는 이유

———

밤새도록 고민한 결과 나를 이곳 감방에 계속 가두어 놓는 이유를 알게 되었다. 그날 한남동 참모총장 공관에서 수사관들이 먼저 사격했음에도 불구하고 대국민 수사 발표에는 공관 경호병이 먼저 사격하였다고 하였다. 거짓 발표가 들통날까 봐 보안을 유지하기 위해서임이 틀림없었다.

1980년 1월 28일(월) : 감방 생활 22일 차

서빙고 대공분실 수사관이 박흥주를 호평한 이유

———

박흥주는 현역 대령 신분으로 중정부장 수행비서관이었다. 상관인 김재규의 명령에 의거해 대통령 경호실 경호원에게 사격을 개시한 박흥주 대령의 조건반사적인 행동에 대하여 서빙고 대공분실의 수사관은 왜 호평할까? 바로 상관의 명령에 복종할 수밖에 없었던 박흥 대령의 조건반사적 행동이 군인정신이었던 것처럼 총장 공관에 온 수사관들도 상관의 명령에 따라 조건반사적으로 나에게 사격을 가하였다는 논리로 내 앞에서 박흥주 대령을 두 번씩이나 호평한 것이 아닌가 하는 생각이 들었다.

1980년 1월 29일(화) : 감방 생활 23일 차
진정한 군인의 길을 곱씹다

어제의 질문에 대한 답을 얻기 위해 사관생도 신조를 떠올렸다. 내가 깨우쳤던 명백한 사실은 사관생도 신조에 있었다. '목숨을 바칠 대상은 국가와 민족을 지키기 위한 적과의 싸움 전장'이므로 상관의 명령은 위와 같이 합목적 명령이라야 한다.

또한 전장에서의 행동은 조건반사적이어야 한다. 위급한 전투 현장에서 상관의 명령을 받으면 조건반사적으로 행동해야 적과 싸워 이길 수 있다. 이러한 군인정신을 체득하기 위해 우리는 유격훈련과 공수훈련에서 동일한 동작을 지독하게 반복적으로 훈련함으로써 군인의 사생관을 체득하였다.

그러나 옳은 일을 바르게 해야 한다. 사관생도 세 번째 신조는 '안일한 불의의 길보다 험난한 정의의 길을 택하라'는 것이다. 상관의 명령이 부당하다면 무조건 따르는 것이 아니라 지시한 상관에게 부당함을 이의 제기하는 등 험난한 정의의 길을 택해야 한다.

정승화 계엄사령관이 김재규 내란에 대해 방조 혐의가 있다면 전두환 소장은 대통령이나 국방부 장관에게 먼저 보고한 후 연행하는 정상적인 법 절차를 따르는 것이 험난한 정의의 길이다. 더구나 총장을 연행하러 온 수사관은 장전도 하지 않은 우리를 먼저 사격해서는 안 된다.

1980년 1월 30일(수) : 감방 생활 24일 차

인생의 갈림길에서 소신을 적어 제출하다

나는 내 의지로는 그 무엇도 할 수 없는 감방에 있다. 그러나 내 나이 32세로, 현실은 사랑하는 아내와 딸이 있는 한 가정의 가장이다. 한 달 가까이 감방에 갇힌 이유를 알았으니 이 엄청난 인생의 갈림길에서 용기를 내야 한다. 지금까지 짧은 군인의 길에서 늘 스스로 선택했던 것처럼……

감방에서 고민해 봐야 해결책이 없으며 내 몸은 더 이상 콩밥을 받아드리지 않고 자꾸만 쇠약해져 간다. 그래서 내 생각과 결심을 종이에 적었다.

첫째, 군인은 명령에 의거해 직속상관을 만난다.

군인은 육군본부 명령에 의거 해 부대 배치를 받고, 그곳의 직속상관을 만나서 상관을 통해 국가와 조직에 충성한다. 나는 육군본부 명령에 의거해 모교인 육사에 배치되었으며, 그곳에서 정승화 장군을 만나 전속부관이 되었다. 그러므로 자연인 정승화 장군을 사적으로 만난 것이 아니고 육군본부 명령에 따라 육군사관학교 교장을 공적으로 만난 것이므로 앞으로도 나는 육군본부 명령에 의거해 군인의 길을 갈 것이다.

둘째, 군인은 명령에 의거해 총을 쏜다.

수사관들은 10월 26일 궁정동에서 상관인 김재규의 명령에 따라 총을 쏜 박흥주 대령의 군인정신을 호평하였다. 이를 볼 때 수사관들도 자신들이 12월 12일 사건 당시 나에게 총을 쏜 행위도 박흥주와 같은 처지임을 암시하는 것 같았다. 나는 약관 32세의 젊은 군인이다. 나 역시 군인의 길을 계속 가야 하므로 상관의 명령에 따라 총을 쏠 것이다. 그러나 그것은 적과의 전투 현장에서다.

셋째, 내가 건강해야 군인의 길을 계속할 수 있다.

군인은 강인한 체력이 무기다. 그런데 나는 총상으로 파열된 간을 봉합하였으며 소장을 ⅙이나 절단해 출혈이 엄청났으므로 육신이 만신창이가 되었다. 죄가 있다면 나를 법정에 세우든지, 아니면 하루빨리 집에 갈 수 있도록 조치해야 한다.

하루 종일 고민하여 나의 소신을 적고 나니 정신적으로 한결 가뿐해졌다. 저녁 식사 후 세 가지 소신을 적은 종이를 수사관에게 제출하였다.

1980년 1월 31일(목) : 감방 생활 25일 차

50일 만에 아내와 딸이 기다리는 집으로

소신의 글을 제출한 다음 날, 육군본부 총장실 담당 보안반장 ○○○ 중령이 나를 데리러 왔다. 1979년 12월 12일 밤, 총을 맞고 사경을 헤매다가 수술한 이후 통합병원 25일, 감방 생활 25일을 거쳐 50

일 만에 집으로 가게 된 것이다. 보안반장은 "선배들 모두 이 소령의 군인정신을 높이 평가하고 있다"고 하며 "정치적 시국사건의 당사자이므로 입 다물고 오로지 군 복무에만 전념하라"고 하였다.

아픈 배를 움켜쥐고 이태원 군인아파트의 벨을 눌렀다. 아내는 나를 맞이하며 눈물을 글썽거렸다. 딸아이를 안았는데, 마냥 울어댄다. 못난 아비를 알아보고 인사하는 울음소리처럼 느껴졌다. 아내가 해준 점심을 먹고 한숨 푹 잤다. 저녁에 김준관, 황학연, 안영수 등 육사 동기생들이 찾아왔다. 아내가 진통을 했던 새벽에 나 대신 목영자 산부인과 담을 뛰어넘어 출산을 도와준 김준관 동기의 방문이 더욱 반가웠다.

1980년 2월 2일(토)
총장님의 생사를 확인하다

내가 몸담았던 육본 총장실의 주인이 모두 바뀌었다. 신임 참모총장은 10·26 사건 당일 저녁 8시간 동안 위기 조치 때 총장님과 머리를 맞대고 숙의하였던 당시 참모차장 이희성 장군이다. 12·12 사태가 발생했을 때 나와 전화 통화했던 윤성민 참모차장은 1군사령관으로 영전하였다.

저녁에는 육본 의무실장 진춘조 소령이 찾아와서 소식을 전하였다. 총장님은 현재 교도소에 수감 중이며, 진 소령이 진료 차 두 번 방문했을 때 건강에는 이상이 없다고 하였다.

1980년 2월 12일(화)
육군대학에 입교하라는 육본의 명령
———

10시 육군본부 인사 운영감실 보임과에서 1980년 3월 14일 자로 육군대학에 입교하라는 명령이 났다는 연락이 왔다. 나는 1979년 8월 실시된 육군대학 정규과정 시험에 합격했던 터라 육군대학 정규 28기로 입교한 후에 진로를 결정할 여유를 갖게 되었다.

1980년 2월 15일(금)
섣달그믐에 고향을 찾다
———

아픈 몸으로 갓난 딸아이를 데리고 처가댁을 거쳐 그리운 고향에 도착하였다. 작년 1월에 결혼차 고향에 온 지 1년 만이다. 어머님이 딸아이를 안더니 "네가 아비를 살리었다"고 하였다. 그러고는 내 배를 걷어 올려 보더니 당장 전역하라고 하였다. 옆에서 보고 있던 아버님은 계속 군 복무를 하라고 하였다. 아버님은 1945년 해방 직후

반공 경찰이 되었다. 1950년 6·25 전란 중 추석을 맞아 고향에 왔다가 빨치산의 습격으로 할머니가 별세하였다. 그 사유로 경찰을 그만둔 것을 후회해 나에게 계속하라고 조언하는 것 같았다.

집성촌 문중 어르신께 인사드리려 갔더니 내가 겪은 12·12 사태를 옛날 사화에 비유하였다. 우리 조상님도 곧은 성품으로 숙종 재위 기간에 일어난 기사사화 때 임금이 인현왕후를 폐비한 것에 반기를 들어 1689년 경북 안동 춘향으로 피신하였다가 60여 년 만에 해금되어 다시 벼슬에 등극하였다. 그런데 영조 38년인 1762년 임금이 아들 사도세자를 죽이는 데 통분해 1779년 이곳 능곡마을에 입향하였다고 전하였다. 어르신은 "사화에 휩쓸리면 2세대(1세대 30년)는 지나야 해금되었지만, 오늘날의 정권은 길어야 10년을 가지 않으니 네 나이 32세이므로 군 복무를 계속하라"고 조언하였다.

1980년 3월 12일(수)
진해 육군대학으로 이사

이태원 군인아파트에 신혼살림을 차린 지 1년 만에 이곳을 떠난다. 그사이 태어난 딸과 함께 세 식구가 총장 전속부관 아파트에 설치된 일반 전화번호 임대권으로 유일하게 받은 50만 원을 손에 들고 새로운 도전의 땅, 육군대학이 있는 진해로 향하였다.

참고 자료 및 문헌

참고 자료

1 조선일보, 1979. 10. 29., 1면 '10·26 사건 중간수사 발표'
2 동아일보, 1979. 10. 28., 1면 '10·26 사건 중간수사 발표'
3 서울지방검찰청, 1994. 10. 1., '압수조서, 96압제1048 제5호, 회색 양복 상의'
4 서울중앙지방검찰청, 2023. 11. 23., '12·12 압수물 열람 및 복사 신청', 1994년 12·12 사태 조사 시 영치했던 전속부관 상의에 피격 흔적을 열람하기 위해 신청했던 문서
5 허경발, 2002. 12. 12., '입원 및 수술확인서'(육군 참모총장 전속부관 이재천 소령), 1994년 12·12 사태 후 순천향대학교 병원 허경발 박사 수술
6 육군본부 군사연구실, 1979년도 역사 자료, '79년도 정기 군사보고, 비서실' (2010. 1. 2. 국가기록원 나라기록관장)
7 육군본부 비서실, 1979년도, '제22대 육군 참모총장 정승화 대장, 기록 사진첩 제1권~제8권'
8 육군 참모총장실, 1979.12. 10., 〈샘터〉 인터뷰(정승화 대장)
9 〈신동아〉, 1993년 8월호, 258쪽, '전 보안사 수사국장 백동림 증언'(윤필용 사건 제보자는 전두환 노태우였다)

참고 문헌

1 백동림 지음, 〈멍청한 군상들〉(전 보안사 베테랑 수사관의 자전적 수사 실화), 도서출판 답게, 1995. 6. 1.
2 정승화 지음, 정리 조갑제, 〈12·12사건 鄭昇和는 말한다〉, 도서출판 까치, 1987. 11. 20.
3 정승화 지음, 정리 대필 이경식, 〈대한민국 군인 정승화〉(정승화 자서전), Human & Books, 2002. 9. 25.

대한민국을 뒤흔든 10·26, 12·12 현장 기록
현대사 사건 수행 일기

1판 1쇄 펴낸 날 2024년 10월 30일

지은이 이재천

편집 김민선, 이미종
디자인 형태와내용사이
인쇄 도담프린팅

펴낸 곳 인사이드북스
문의 070-8776-0012
이메일 iinsidebooks@gmail.com
출판신고 제2023-000091호(2023. 10. 25.)

값 19,800원
ISBN 979-11-977214-4-1 (03910)

인사이드북스 는 세상의 모든 이야기를 책 속에 담고자 합니다.